"Pero el que mira atentamente a la ley perfecta, la ley de la libertad, y permanece en ella, no habiéndose vuelto un oidor olvidadizo sino un hacedor eficaz, éste será bienaventurado en lo que hace."

Santiago 1:25

DEVOCIONAL PARA AQUELLOS QUE HACEN FRENTE A LA TRAGEDIA

UN VIAJE DE REGRESO A DIOS

Terry Overton

Traducción por Pamela Navarrete de Andrews

DEVOCIONAL PARA AQUELLOS QUE HACEN FRENTE A LA TRAGEDIA

UN VIAJE DE REGRESO A DIOS

Terry Overton

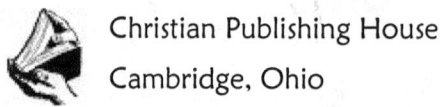

Christian Publishing House
Cambridge, Ohio

Copyright © 2018 Terry Overton

All rights reserved. Except for brief quotations in articles, other publications, book reviews, and blogs, no part of this book may be reproduced in any manner without prior written permission from the publishers.

For information, write,

support@christianpublishers.org

Unless otherwise indicated, Scripture quotations are from the English Standard Version (ESV)

The Holy Bible, English Standard Version. ESV® Text Edition: 2016. Copyright © 2001 by Crossway Bibles, a publishing ministry of Good News Publishers.

DEVOCIONAL PARA AQUELLOS QUE HACEN FRENTE A LA TRAGEDIA: UN VIAJE DE REGRESO A DIOS

Escrito por Terry Overton

Traducido por Pamela Navarrete de Andrews

ISBN-13: **978-1-949586-01-5**

ISBN-10: **1-949586-01-4**

Queridos lectores:

He estado donde estás. Hace muchos años, mi familia sufrió una tragedia muy personal. Mi reacción inicial fue estar enojada con Dios. Culparlo. Rechazarlo. Inicié un largo viaje que incluyó mudarme de una ciudad a otra, cambios de un trabajo a otro, y muchas otras soluciones fallidas o "ajustes" en mi vida personal, mientras buscaba la felicidad nuevamente. Experimenté tristeza, depresión y ansiedad. Mi viaje de regreso a Dios tomó muchos años. Aunque traté de regresar a Él lo más rápido que pude. El viaje que hice Dios lo planeó para mí. No podría haber regresado a Él de ninguna otra manera. Él lo sabía. Él continuó amándome todo el tiempo.

Si investigastes en Internet u otras fuentes tratando de dar sentido a tus experiencias, es posible que haya encontrado que los "expertos" dicen que el ajuste o la cura después de una tragedia pueden requerir de 4 a 12 pasos. En realidad, muchas de estas fuentes incluyen poca o ninguna experiencia de enojo con Dios y paz nuevamente con tu relación con Él. Aunque como profesional, leí muchos de esos artículos sobre víctimas de trauma o tragedias, no parecían ajustarse a lo que sentía.

Finalmente volviendo a Él y sintiendo paz en medio de la tragedia y el amor constante de Dios, mi siguiente paso en mi viaje fue proporcionar la perspectiva cristiana a los demás al escribir este libro. Si hubiera encontrado un libro como este durante mis pruebas, podría haberlo entendido más rápido, no me hubiera sentido tan sola, podría haber regresado a Dios rápidamente. Este libro sigue la secuencia de mi propio viaje (Ver Apéndice 2 para la secuencia de mi propio viaje). Tu viaje puede ser diferente, pero puedes encontrar algunos sentimientos y experiencias comunes dentro de este libro.

Mis oraciones están contigo. Tu dolor es real, tu tristeza es profunda. Tu corazón está roto. Sientes que nadie puede realmente entenderte. Si esto te describe, si estás luchando con un trauma, una tragedia o eventos dolorosos en tu vida, tómate unos minutos cada día para leer este libro, consulta tu Biblia y cuando estés listo, ora. Cuando estés listo, habla con Dios. Dios te está esperando. Piensa en esto, Él te ama incluso si te resulta difícil amarlo a Él en este momento.

Antes de comenzar este libro, ve al Apéndice 1 y haz la autoevaluación. Esto te dará una idea de dónde puedes estar en tu propio viaje de fe.

Bendiciones para ti.

Terry Overton

Table of Contents

Antes de la Tragedia o el Trauma: Evalúe su Fundamento 2

Trauma o Suceso Parte 1 4

Trauma o Suceso Part 2 6

Abrumadores Sentimientos de Incredulidad 8

Rechazo a Dios-Parte 1 10

Rechazo a Dios-Parte 2 12

Una Solución Rápida 14

Depresión y Tristeza-Parte 1 16

Depresión y Tristeza-Parte 2 18

Culpar Inapropiadamente a Algo o Alguien 20

Ansiedad y Preocupación 22

Sentimientos de Culpa 24

Sentimientos Intensos de Vergüenza 26

Relación de Ansiedad, Preocupación, Culpa y Vergüenza 28

Conciencia de Dios e Ira Residual 30

Buscando la Felicidad 32

Dejando atrás la Vergüenza y la Culpa 34

Buscando a Otros para que Pueda Recibir Ayuda y Estímulos Necesarios 38

Permitiendo a Otros en su Vida 40

Aniversarios y Otras Celebraciones 42

¿Está Bien ser Feliz? 44

Hacer Frente al Dolor de Recordatorios Inesperados 46

Estrés en las Relaciones 48

Preguntas de Otros 50

¿Por qué? 52

Conciencia de la Presencia de Dios en mi Vida 54
La Vida Nunca Será Perfecta 56
Deje a Dios el Juicio 58
Para Ser Perdonado, Debemos Perdonar 60
Perdonándo a Otros, Parte 2 64
Perdón de Uno Mismo 66
Nueva Vida en Cristo 69
Nuestras Expresiones de Agradecimiento 71
Dios no Ha Terminado Todavía 73
Los Planes de Dios Para Usted 75
Testificar a los Demás 77
Aferrándose Firmemente a la Mano de Dios 79
Regocijándose en la Luz 81
Ir más Allá 83
APÉNDICE 1 ¿Dónde está Usted en su Viaje? 85
APÉNDICE 2 Mi Viaje de Fe 90
APÉNDICE 3 Relación de Ansiedad, Preocupación, Culpa y Vergüenza 93
APENDICE 4 94
Versículos de la Biblia por Tema Devocional 94
OTROS LIBROS RELEVANTES 108

La vida antes

Este libro devocional comienza al principio antes de la tragedia. Este es el punto de partida para ti también. Debido a que tu vida antes del trauma fue lo que considerabas "normal", comenzaremos allí y avanzaremos en el proceso hacia el otro lado del trauma, a través del viaje hasta el final, buscando la paz nuevamente y encontrando a Dios.

Antes de la Tragedia o el Trauma: Evalúe su Fundamento

Piense en su vida antes de la tragedia. Si no ha completado la autoevaluación en el Apéndice 1, hágalo en este momento.

"Pon tu Delicia en el Señor, y Él te dará las peticiones de tu corazón." Salmos 37: 4

Los traumas incluyen cualquier cantidad de eventos que suceden trágicamente a las personas y sus familias. Un trauma o una tragedia podría ser un evento catastrófico, como una inundación, un incendio, una tormenta que destruye su hogar o provoca la muerte o lesiones. Podría ser que alguien cometió un delito en su contra, lo violó a usted, a un miembro de su familia o a su propiedad, o podría tratarse de un trauma de relación personal, como un divorcio, separación o muerte de un miembro de su familia. Las enfermedades terminales, accidentes, abortos espontáneos, enfermedades crónicas o lesiones que haya sufrido usted o un miembro de su familia también son trágicas. Puede ser un evento de una sola vez, reiterado o en curso.

Piense en el tiempo antes de que este evento traumático hubiera sucedido en su vida. Es posible que haya estado viviendo la vida de sus sueños con una familia feliz, un trabajo excelente, ingresos estables y fe en Dios. Al mirar hacia atrás, es importante comprender que usted estaba destinado a estar allí en ese momento, con una existencia pacífica. Su existencia pacífica probablemente lo preparó para lo que estaba a punto de suceder. Tal vez ya haya desarrollado un grupo de apoyo de familiares, amigos, cónyuge u otros. Estas pueden ser las mismas personas a las que recurrirá más tarde, a medida que trabaja en este trauma.

Dios nos pone donde necesitamos estar. Es posible que no comprendamos por qué estábamos en aquel lugar en el momento del evento, y quizás nunca comprendamos por qué tuvo que haber un trauma o tragedia. Durante un trauma, es difícil recordar que no está solo. Puede sentirse completamente solo. Puede sentir que nadie más podría entender. Pero debe saber esto: Dios está con usted. Sus familiares y amigos están con usted. Así que ahora, mire hacia atrás al tiempo anterior al trauma y pregúntese, ¿por qué Dios me dio la bendición de una vida pacífica y familiar antes del trauma? ¿Antes de las pruebas? Él sabía que necesitaría de ellos. Recuerde que esas personas son su apoyo. Es posible que no entiendan lo que es estar en sus zapatos, pero saben que está sufriendo y quieren ayudarlo con su dolor. De alguna manera en el tapiz de la vida, Dios tejerá el trauma en algo significativo más adelante.

"Por tanto, habiendo sido justificados por la fe, tenemos paz para con Dios por medio de nuestro Señor Jesucristo, por medio de quien también hemos obtenido entrada por la fe a esta gracia en la cual estamos firmes, y nos gloriamos en la esperanza de la gloria de Dios. Y no sólo esto, sino que también nos gloriamos en las tribulaciones, sabiendo que la tribulación produce paciencia; y la paciencia, carácter probado; y el carácter probado, esperanza; y la esperanza no desilusiona, porque el amor de Dios ha sido derramado en nuestros corazones por medio del Espíritu Santo que nos fue dado." Romanos 5: 1-5

Se sugerirán oraciones al final de cada devocional. Puede ser difícil al principio orar. Si puede, tome un momento para calmar su corazón y pronuncie la oración que sigue.

Padre celestial, he sido bendecido en mi vida. Incluso en medio de estos acontecimientos, por favor ayúdeme a reconocer estas bendiciones. Amén.

Trauma o Suceso Parte 1

Piense en los eventos y en cómo su mundo parece diferente ahora. El trauma puede ser difícil de reconocer al principio. Puede tener problemas para creer que sucedió el hecho.

"Amados, no os sorprendáis del fuego de prueba que en medio de vosotros ha venido para probaros, como si alguna cosa extraña os estuviera aconteciendo." 1 Pedro 4:12

El trauma o la tragedia sucedió. Es posible que haya sido testigo de estos. Puede haberle sucedido directamente a usted, o puede haber escuchado a un familiar revelar los detalles del trauma o tragedia. Es posible que haya escuchado la noticia del evento traumático a un oficial de policía o a un médico. Cualquiera que sea el evento, usted no estaba preparado. No tuvo voz cuando ocurrió el evento o en cómo el mensajero entregó la noticia. No tuvo voz en el momento ni en el lugar del hecho. Pero sucedió.

Si el evento le sucedió directamente a usted, podría repetir el hecho una y otra vez en su mente. Pequeñas cosas pueden desencadenar los recuerdos, y la secuencia de lo que le sucedió, nuevamente ocurre en su mente. Se puede activar cuando escucha un cierto sonido, huele un olor particular o regresa a un lugar específico. Es posible que no pueda dejar de pensar en eso.

Si alguien primero le contó sobre el hecho, puede escuchar esas palabras una y otra vez. Es posible que haya arremetido contra el que le entregó el mensaje, diciéndole que no puede ser cierto. Debe haber un error. Es posible que no pueda controlar su reacción inicial.

El versículo anterior, escrito por Pedro, fue escrito para los primeros cristianos que estaban siendo perseguidos. Muchos murieron, muchos fueron torturados, muchos sufrieron traumas. Podemos mirar las palabras de Pedro para ayudarnos a dar sentido a nuestros sentimientos iniciales sobre el trauma. Como se indica en el versículo anterior, lo que le sucedió a usted se siente extraño. Siente que le arrojan directamente al fuego. Le han arrojado a un calabozo o una cueva de desesperación. Su mundo se siente completamente fuera de control, o no puede dejar de llorar o temblar, como si su propio cuerpo estuviera descontrolado. Su corazón puede acelerarse, su estómago puede estar revuelto, puede que no tenga ganas de comer o dormir despues del trauma. No puede dormir por las noches posteriores a la tragedia. Estos sentimientos no son inusuales y ciertamente son comprensibles dadas las circunstancias.

Sean cuales sean las noticias o la tragedia, siente que su vida ha cambiado para siempre. Es posible que no pueda pensar en otra cosa, pero piense en esto: **usted lo hará, a través del trauma.** Lo hará porque Dios es un Dios de amor y salvación y estará con usted. Además, usted está en el reloj del tiempo de Dios, por lo que el evento que acaba de suceder es probablemente el comienzo de un viaje. Está bien. Todo es como debería ser. El viaje puede durar días, o puede durar años. Está en el viaje en el que debe estar para regresar a Dios. No espere moverse más rápido de como se está moviendo ahora. No sienta que debe "superarlo". No se preocupe si los demás le dicen que debe seguir adelante. Se mueve como puede. Dios le ayudará. La mano de Dios siempre está extendida, está a su alcance para cuando esté listo. Él estará allí. Él es un Dios amoroso, y Él continúa amandole siempre.

El siguiente versículo fue escrito por Jeremías mientras lamentaba la destrucción de la ciudad que amaba, Jerusalén. Él comenzó a seguir a Dios más de cerca después de esta gran pérdida y oró porque esperaba que su ciudad fuera restaurada. Como señaló, es importante esperar en silencio, orar y estar más cerca de Dios mientras espera la salvación. Para el que sufre un trauma, toma tiempo y paciencia hacer el viaje de vuelta a una vida más normal. Durante este período de tiempo, usted puede orar para que pueda caminar más cerca de Dios.

"Bueno es esperar en silencio la salvación del Señor."
Lamentaciones 3:26

Padre celestial, necesito su ayuda todos los días. Puede que tenga dificultades para pensar en lo que sucedió. Por favor deme fuerza. Amén.

Trauma o Suceso Part 2

¿Este suceso parece ser el evento más significativo que le ha pasado? ¿Puede pensar en este evento como una prueba de su fe? Recuerde que Dios le ama.

> *"No temas lo que estás por sufrir. He aquí, el diablo echará a algunos de vosotros en la cárcel para que seáis probados, y tendréis tribulación por diez días. Sé fiel hasta la muerte, y yo te daré la corona de la vida."* Apocalipsis 2:10

El versículo de Apocalipsis fue escrito para advertir a las personas que seremos probados por nuestra fe. Juan escribió este capítulo como una carta a las iglesias de la época, advirtiendo a los miembros a mantenerse fuertes en su fe y no ceder a la tentación de apartarse de ésta. Quería que los cristianos se mantuvieran firmes en sus creencias de Dios y Jesús.

No hay duda de que todos tenemos pruebas. Pero lo que usted sufrió es diferente. Esto cambió su vida y tal vez la vida de otras personas a su alrededor. Este trauma vino sin previo aviso. Lo pilló desprevenido. Esta es una prueba como nunca antes. El versículo anterior le dice que no tenga temor a lo que está a punto de sufrir. Es probable que usted no haya advertido el trauma o la tragedia, o la gravedad de ésta, por lo tanto no experimentó miedo antes de que sucediera. Puede ser que experimentó el miedo o ansiedad después, quizás no sintió nada en absoluto o sintió su cuerpo entumecido. Cualquiera de estas reacciones son normales.

Debido a que es una prueba severa, distinta a otras que haya tenido en su vida, usted reacciona de manera diferente. Una reacción que probablemente no haya experimentado antes de este evento, es el rechazo a Dios.

Puede comenzar a sentir que Dios no existe, porque si Dios existiera, este hecho no habría ocurrido. Se pregunta cómo pudo haber creído alguna vez en Dios. Es posible que haya descartado cosas que solían ser importantes para usted, cosas cotidianas, cosas simples. Puede ser que haya dejado de preocuparse de su apariencia, comer o dormir. Puedes cambiar socialmente. Tal vez ha dejado de hablar con sus amigos o familiares. Quizás ni siquiera responde su teléfono.

Recuerde, este evento está poniendo a prueba su fe. Puede ser la prueba más importante de su vida. A medida que comienza a pasar por esta prueba, es posible que primero necesite tiempo y espacio. Eso es comprensible. Respire profundamente. Pase tiempo con usted mismo ordenando sus pensamientos. Esto podría significar unos días libres del trabajo, pasar tiempo solo o con miembros de la familia. Esta es una prueba, pero piense en esto: **hoy es el comienzo del viaje.** Es posible que deba descansar antes de que comience el viaje. Dios estará esperando.

"Al verla, el Señor tuvo compasión de ella, y le dijo: No llores." Lucas 7:13

El versículo de Lucas habla de un evento que sucedió cuando Jesús caminaba hacia la puerta de la ciudad. Se dio cuenta de una mujer que estaba de luto por la pérdida de su hijo. Sintió tanta compasión por ella y le dijo que no llorara. Jesús sintió compasión por toda la humanidad porque también era un humano. Sentimos tristeza y empatía el uno por el otro. Séa fuerte. Agradezca a Dios por el don de la compasión que compartimos entre nosotros y con Jesús.

Padre celestial, gracias por darnos el regalo de la compasión por los demás. Gracias por preocuparse por cada uno de nuestros dolores. Amén

Abrumadores Sentimientos de Incredulidad

Una primera reacción común a una tragedia o noticia de un evento traumático que le sucede a un ser querido es la completa incredulidad o incluso la negación de que el evento sucedió o está sucediendo. Esta fase de negación puede ser necesaria para usted. Esto puede ayudarlo a procesar el evento cuando esté listo.

"Estad quietos, y sabed que yo soy Dios..." Salmos 46:10

Una reacción inicial de completa incredulidad es una forma en que los humanos responden ante noticias impactantes o eventos trágicos. Si alguien le transmite el mensaje, sobre el accidente, el diagnóstico, el crimen, el trauma, usted podría pensar que esa persona está equivocada. No es cierto. No sucedió como creen que sucedió.

Puede buscar desesperadamente a alguien para proporcionarle una historia diferente. Siente la necesidad de hablar con otro oficial de policía que dirá que no fue su hijo en la escena o que no presenciaron el evento de la misma manera. Puede pensar que necesita hablar con otro médico para obtener un diagnóstico diferente o encontrar un nuevo especialista que pueda darle a usted o a su ser querido otro tipo de examen médico para un mejor diagnóstico. Puede decirse a usted mismo que el abuso que pensó que sufrió anoche no fue "tan malo", que la violación que experimentó probablemente fue "alentada" por su propio comportamiento. Estas son defensas contra el conocimiento de la verdad. Pero a medida que avanza en esta búsqueda, se da cuenta, de que sucedió exactamente como pensaba o como le dijeron. Es verdad. No se puede negar.

Una vez que el evento ha sido confirmado, experimenta shock o incluso un "apagado". Puede sentirse robótico en su funcionamiento diario. Usted pasa por los movimientos metódicos de conducir a su ser querido a sus tratamientos médico, llevando a su hijo a su terapeuta, o incluso los movimientos mecánicos de vestirse para ir a trabajar. Puede sentirse entumecido o muerto por dentro. Se siente surrealista. Puede sentir que está funcionando en una realidad alternativa.

¿Por qué? Porque su mundo ha cambiado. Y ahora está en transición a la "nueva normalidad". Pero esto será una parada temporal en su viaje. Piense en esto: **no se demorará aquí.**

También es posible que desee que el proceso se mueva más rápido. Es posible que exija respuestas o soluciones inmediatas que no se le pueden proporcionar. Resolver el trauma llevará tiempo.

"Porque es aún visión para el tiempo señalado; se apresura hacia el fin y no defraudará. Aunque tarde, espérala; porque ciertamente vendrá, no tardará." Habacuc 2:3

El versículo anterior es una respuesta a Habacuc de parte de Dios. Este profeta le había preguntado a Dios por qué las personas malas o perversas parecen salirse con la suya con acciones injustas. Él quería que Dios actuara. Estaba cansado de ver que las mismas cosas malas suceden día tras día. Dios respondió que la justicia vendrá y que Habacuc necesitaría ser paciente.

Usted se encontrará avanzando. Mientras tanto, siga funcionando en sus rutinas cotidianas. Siga hablando con familiares o amigos que saben que está sufriendo. Si siente que su dolor es insufrible y no puede hacerlo, debe comunicarse con alguien durante este tiempo. Un amigo, un compañero cristiano, un vecino, un pastor, un miembro de la familia, un consejero, estará allí para usted.

Padre celestial, sé que ayuda a los que le necesitan. Mi espíritu está abrumado. Por favor, ayúdeme a encontrar la paz. Amén.

Rechazo a Dios-Parte 1

Debido a que su mundo se ha puesto patas arriba, no puede comprender lo que sucedió. El mundo no tiene sentido y, por lo tanto, Dios no tiene sentido.

"El necio ha dicho en su corazón: No hay Dios."
Salmos 14:1

Ya sea que usted fuera un miembro regular de la iglesia antes del trauma, un cristiano devoto, alguien que creía en Dios, o alguien que nunca creyó en Dios, una reacción común después del trauma es rechazar o renunciar a Dios. Siente que no puede haber un Dios en absoluto porque esta tragedia es evidencia de eso. Un Dios amoroso no permitiría que este trauma sucediera. Un Dios amoroso no permitiría que el mal esté en el mundo. Un Dios amoroso no permitiría el cáncer, abortos, divorcios, abuso infantil, abuso de sustancias, abuso sexual, abuso conyugal, violación, accidentes automovilísticos, la muerte de un ser querido o cualquier otro evento traumático. Un Dios amoroso nunca permitiría que su hijo sea arrestado, ni permitirá que su hijo cometa un delito, ni que su hijo tenga una enfermedad terminal.

Puede gritarle a Dios, sacudir su puño o simplemente decirle en sus pensamientos privados que ya no cree en Él. Si no creía antes, dice "Mira, sabía que no había Dios". Otros alientan su fe, le sugieren que ore y usted les dice que ya no cree en Dios. Puede decirle a Dios que está enojado. Pero Él no está enojado con usted. Él le ama siempre.

Si antes era un creyente fiel, podría sentir que todas sus oraciones, sus buenas obras, sus ofrendas, su asistencia a la iglesia, su voluntariado para ayudar a otros, todo fue en vano. Dios le abandonó cuando lo necesitaba. Él no estaba allí para usted. No es inusual que aquellos que fueron fieles en su fe se aparten de Dios. Si fue un miembro que asistía regularmente a la iglesia, puede comenzar a escabullirse de la iglesia o dejar de asistir por completo.

Todos estos sentimientos pueden ser normales. Usted no es la primera persona en sentirse de esta manera. No será el último. Esto de hecho puede ser algo que Dios espera que atraviese antes de que pueda llegar al destino final de su viaje. Esto en realidad puede ser un requisito antes de comenzar su viaje. Esta puede ser la única manera para que comience; un reinicio completo con su fe. Piense en esto: **a veces se debe romper un corazón para que el Espíritu Santo pueda volver a funcionar.** Durante este tiempo, Dios aún lo ama y lo está esperando.

"Bueno es para mí ser afligido, para que aprenda tus estatutos." Salmos 119:71

"Jesús respondió, y le dijo: Ahora tú no comprendes lo que yo hago, pero lo entenderás después." Juan 13:7

El versículo de Juan fue una respuesta de Jesús al discípulo, Simón Pedro. Jesús estaba a punto de lavar los pies de sus discípulos. Por su respuesta, vemos que, como el acto de lavar los pies, Jesús a menudo hace cosas que no podemos entender hasta más tarde. La forma en que está pasando por este evento puede tener más sentido para usted más adelante en el camino de la fe. Dios conoce la imagen completa y estará ahí para usted siempre.

Padre celestial, gracias por su paciencia. Ayúdeme a aceptar su guía y su fortaleza. Amén.

Rechazo a Dios-Parte 2

Mientras el rechazo a Dios permanezca en su corazón y mente, este sentimiento negativo permanecerá en el fondo de todas las demás cosas que suceden en su vida cotidiana.

"Espera al Señor; esfuérzate y aliéntese tu corazón. Sí, espera al Señor." Salmos 7:14

Es común que las personas que sufren un trauma, se sientan enojadas y rechacen a Dios por un período de tiempo. Su enojo y rechazo a Dios pueden manifestarse a través de ira y rehusar todas las cosas que son buenas. Puede rechazar a cualquier persona que tenga algo que ver con los eventos traumáticos del pasado. Puede rechazar a otros que tratan de ayudarlo. Puede criticar a los demás o hacer comentarios errados basado en su enojo.

Puede rechazar cualquier forma de ayuda. Esto incluye la orientación de la Biblia, la iglesia, los consejeros, amigos, familiares e incluso conocidos que intentan ofrecerle ayuda en su momento de necesidad.

Siente que este trauma fue injusto. No estaba bien. Si se cometió un crimen en su contra, fue un pecado. Cualquiera que sea el evento, está enojado porque sucedió. Está enojado porque siente que esto no tenía que pasar. Está enojado porque este evento o enfermedad rara vez ocurre, así que, ¿por qué le sucedió a usted o a su ser querido? Tiene arranques de ira. Puede tener estos arrebatos la mayor parte del tiempo. Se siente indignado por dentro. Puede guardar rencor. Puede hablar con enojo a otras personas o hablar mal de ellos.

En esta actitud de enojo, todas las demás cosas parecen insignificantes. Sus preocupaciones cotidianas ya no tienen sentido o importancia para usted. Las bendiciones son para otras personas. Todos los días, los asuntos son para otros que no saben lo que es vivir con esta tragedia.

"Sed de espíritu sobrio, estad alerta. Vuestro adversario, el diablo, anda al acecho como león rugiente, buscando a quien devorar." 1 Pedro 5:8

Muchas personas en circunstancias similares sienten lo mismo. La ira. La infelicidad. La furia. Estos sentimientos son indicaciones de que necesita más tiempo. Es posible que necesite más espacio. Dios está esperando. Él le está dando una gran ventaja en este viaje. Es posible que todavía no le empuje. Él puede estar parado a su lado, mirando y esperando. Pero piense en esto: **Él está allí.** Él está siendo paciente. Él conoce el dolor que está experimentando. Él le está permitiendo más tiempo antes de comenzar el viaje. Pronto, Él caminará junto usted en lugar de estar parado a su lado. Él caminará unido a usted, ya que usted estará caminando los primeros pasos de su propio viaje.

Si ya es cristiano, puede haber olvidado que, si usted fue bautizado, incluso si está enojado y no habla con Dios, puede sentir el Espíritu Santo persistiendo dentro de su corazón. El Espíritu está esperando la oportunidad. ¿Cuándo sucederá esa oportunidad? Dios sabe cuando usted estará listo. En ese momento, usted comenzará.

"Además, os daré un corazón nuevo y pondré un espíritu nuevo dentro de vosotros; quitaré de vuestra carne el corazón de piedra y os daré un corazón de carne.". Ezequiel 36:26

El versículo de Ezequiel fue una promesa hecha por Dios de que Él daría un nuevo corazón para salvar al pueblo de Israel. Ahora sabemos que el nuevo corazón de carne que prometió hace muchos años fue Jesús y el Espíritu Santo. Nosotros también tenemos ese amor en nuestros corazones. El trauma sufrido puede significar que requerirá un poco más de tiempo para regresar a su fe y sentir el amor en su corazón.

Padre celestial, gracias por darnos a su Hijo Jesús. Ayúdeme a renovar mi espíritu y sentir amor nuevamente en mi corazón. Amén.

Una Solución Rápida

La tragedia causa malestar en nuestras mentes. Tendemos a pensar que podemos controlar nuestros mundos. No podemos. Por lo tanto, tratamos de "arreglar las cosas".

"Muchos son los planes en el corazón del hombre, mas el consejo del Señor permanecerá." Proverbios 19:21

Una reacción inicial al trauma es hacer algo, hacer cualquier cosa. Así es como estamos hechos. Después del trauma, simplemente pensamos que todo puede mejorar si hacemos algo, si podemos arreglar las cosas. ¿Por qué tenemos esta necesidad? Nos haría sentir como si tuviéramos el control de nuestra vida nuevamente.

Cuando ocurre un trauma o un evento traumático, está fuera de su control. Ciertamente no hubiera querido que el evento sucediera. De hecho, si hubiera podido controlarlo, eso hubiera sido lo último que hubiera pasado. Pero no estaba bajo su control. Y ahora, para volver a recuperar el control de su vida, quiere hacer algo. También puede creer que tomar algún tipo de acción puede disminuir el dolor.

Aquí algunos ejemplos: Organiza un viaje para alejarse de todo, se muda a otro barrio u otra ciudad, cambia de trabajo, vende su casa, vuelve a casarse de inmediato. Cualquier cosa para hacerle sentir que puede controlar su propio mundo. Cualquier cosa para evitar enfrentar el dolor. Cualquier cosa que pueda ayudar a aliviar el dolor.

Estos planes pueden darle más espacio y tiempo. Este tipo de soluciones rápidas pueden ayudarlo a despejar la mente del trauma o a distraerse del evento. Y a veces, estos planes o actividades son realmente terapéuticos. ¿Pero qué pasa después?

Cuando regresa a casa después de ese viaje, se enfrentas al mismo entorno o evento. Los recuerdos del eventos traumáticos permanecen. Si se mudó o cambió de trabajo, de matrimonio u otras circunstancias de la vida, entonces se dará cuenta que el trauma o evento aún está en su mente. No ha progresado en absoluto en su viaje. Puede ser que no se haya acercado a Dios, ni consigue tener paz. Pero, una vez que se da cuenta de que sus planes no le ayudaron a lidiar con el evento, es posible que vuelva al punto de partida. Solo que esta vez, puede comprender que el viaje que necesitaba hacer no era al aeropuerto, al extranjero, una casa nueva, una ciudad nueva o un nuevo trabajo. El viaje que necesita comenzar es el regreso a Dios. Es posible que aún tenga muchos, muchos kilómetros por recorrer. Eso está perfectamente bien. Puede llevar mucho más tiempo que mudarce a una nueva ciudad o trabajo. Pero ahora se da cuenta de que hay otras cosas que debe hacer para avanzar hacia la vida pacífica que desea.

Por favor, quiero que sepa que seguir adelante no requiere que acepte lo que sucedió como "bien". Nunca estará bien que su casa haya sido destruida, su amor haya muerto, su hijo haya quedado traumatizado. Nunca estará bien. Pero piense en esto: **puede avanzar.** No estará atrapado en el mismo lugar para siempre.

"Y mi Dios proveerá a todas vuestras necesidades, conforme a sus riquezas en gloria en Cristo Jesús." Filipenses 4:19

Pablo escribió una carta a los nuevos creyentes en Filipos con información sobre cómo debemos vivir como cristianos. Les dice a los nuevos cristianos que Dios satisfará sus necesidades a medida que continúan su trabajo para hacer crecer su fe. Para aquellos que han sufrido un trauma, Dios también le ayudará. Él le guiará y estará a su lado mientras continúa su viaje.

Padre celestial, ayúdeme a entender que conoce todas mis necesidades. Ayúdeme a recordar que está a mi lado incluso en este momento difícil. Amén.

Depresión y Tristeza-Parte 1

Al entender de que nuestro mundo ha cambiado, y estamos atrapados con lo que sucedió, causa una sensación de impotencia en nuestras propias vidas. Esto cambia nuestra perspectiva de la vida.

"*El espíritu del hombre puede soportar su enfermedad, pero el espíritu quebrantado, ¿quién lo puede sobrellevar?*" Proverbios 18:14

"*Cercano está el Señor a los quebrantados de corazón, y salva a los abatidos de espíritu.*" Salmos 34:18

Ya sea que intentó una solución rápida o se quedó en su casa en el mismo entorno y en las mismas circunstancias, la siguiente etapa de su viaje puede haber sentimientos de depresión, soledad, ansiedad o tristeza. Estos sentimientos pueden ser generalizados, y puede sentirse así todos los días, o casi todos, especialmente al principio. Si estos sentimientos no le permiten comer o dormir, o si siente que no hay futuro, comuníquese con un consejero o pastor de inmediato.

Esta fase de su viaje puede ser la fase más larga. No se sorprenda por esto. No sienta que algo anda mal con usted porque está en esta fase por un período de tiempo prolongado. Puede ser parte del proceso. Aunque puede durar un tiempo, no durará para siempre. Avanzará aunque puede ser lento al principio.

Entonces, ¿por qué está tan triste? ¿Ansioso? ¿Deprimido? Su mundo cambió y cambió significativamente. No podía controlar lo que sucedió. En verdad, nadie puede controlar todo lo que sucede en la vida. Es posible que pueda tomar decisiones sobre aspectos de su vida, pero otras cosas no están bajo nuestro control. Todavía no parece justo o simplemente aun no creer que esto haya sucedido. Pero sucedió. Las cosas ya no son como eran antes del evento. Pero habrá un futuro pacífico.

Durante esta fase, ¿qué puede hacer para sentirse mejor? Recuerde las bendiciones o las cosas buenas que tiene en su vida ahora y en el pasado. Si perdió a un ser querido, recuerde lo que esa persona dejó en su vida. Si un familiar tiene una enfermedad grave, agradezca que puede ser útil para ese ser querido.

Si vivió un evento traumático, puede ser difícil sacarlo de la mente por el tiempo suficiente como para tener estos pensamientos positivos. Puede parecer imposible al principio, pero inténtelo de vez en cuando. No hay prisa. Pero pruebe algunos pasos simples. Salga, respire aire fresco, mire hacia arriba y mire a su alrededor. Hay algunas cosas increíbles sucediendo justo afuera de su puerta. El sol sale y se pone, los pájaros cantan, el viento sopla las nubes. Aveces llueve, se producen tormentas, el sol entra a raudales o un arcoiris atraviesa el cielo. Solo haga una pausa en el viaje y observe la obra de Dios.

Dése tiempo para pensar en el pasado. Y luego dése tiempo para pensar en el futuro. Al principio, puede pasar más tiempo pensando en el pasado pero gradualmente piense en otras cosas.

¿Dónde está en su viaje? Está dando un paso. Está dando un paso adelante hacia el futuro. Puede haber días en los que descubra que no puede avanzar más, o incluso puede dar un paso atrás de vez en cuando. Pero usted se está moviendo. Superar cualquier trauma puede llevar mucho tiempo. No se castigue pensando que debería haberlo superado. Piense en esto: **Dios lo guiará en el viaje a la velocidad que necesita para alcanzar el resultado final.**

"Respóndeme pronto, oh Señor, porque mi espíritu desfallece; no escondas de mí tu rostro, para que no llegue yo a ser como los que descienden a la sepultura." Salmos 143:7

"Has mantenido abiertos mis párpados; estoy tan turbado que no puedo hablar." Salmos 77:4

Padre celestial, mi corazón está dolido y le pido su ayuda. Por favor, deme la fuerza para conocer las bendiciones que me ha dado y ayúdeme a pensar más sobre esas maravillosas bendiciones. Amén

Depresión y Tristeza-Parte 2

Los sentimientos de tristeza y depresión pueden colorear sus días de gris durante un período prolongado de tiempo. Esto no significa que siempre se sentirá de esta manera. Recuerde que Dios le ama aunque no lo sienta ahora.

"Y de la misma manera, también el Espíritu nos ayuda en nuestra debilidad; porque no sabemos orar como debiéramos, pero el Espíritu mismo intercede por nosotros con gemidos indecibles." Romanos 8:26

Durante estos días de profunda tristeza, Dios aún le está esperando. Como dice el versículo anterior, el Espíritu Santo le ayudará en su debilidad. Puede que aún no esté listo para orar. Pero Dios sabrá lo que necesita. Si su tristeza es muy profunda y no puede dormir o comer, debes contactar a su pastor, consejero o amigo. Será escuchado, entendido y apoyado. Puede necesitar estar con alguien, un acompañante, compartir una comida, ver una película o simplemente dar un paseo. En realidad, no se requiere hablar, sino estar con alguien en su dolor más profundo. Otros pueden llegar a usted. Cuando lo hagan, recuerde que están tratando de acompañarlo y apoyarlo en su dolor. Déjelos. También usted puede estar satisfaciendo la necesidad que tienen ellos de estar con usted. Permítales este honor para que también pueden servirle de esta manera y, por lo tanto, servir a Dios.

"Por tanto, alentaos los unos a los otros, y edificaos el uno al otro, tal como lo estáis haciendo." 1 Tesalonicenses 5:11

"Respondiendo el Rey, les dirá: "En verdad os digo que en cuanto lo hicisteis a uno de estos hermanos míos, aun a los más pequeños, a mí lo hicisteis." Mateo 25:40

Como dice la Escritura, otros te ayudarán a edificarte y luego, cuando estés listo, es posible que desees ayudar a otros. Pero por ahora, permita que otros estén con usted. En el versículo de Mateo Cristo nos dice que al servirnos los unos a los otros, también estámos proporcionando un servicio para Cristo. De esta manera, su familia y amigos no solo le está ayudando; están proporcionando un servicio que Cristo espera de todos los cristianos. Aunque no esté seguro de pasar tiempo con otras personas, permita que sus amigos y familiares estén con usted porque así lo desean.

Dios conoce lo que usted necesita, Dios le ayudará a comprender que hay un futuro, habrá felicidad y paz en su vida más adelante. Piense en esto: **usted pasará esto.**

Puede que no se de cuenta en este momento, pero tendrá nuevas personas en su vida que serán muy significativas. Puede tener hijos o nietos en el futuro, un nuevo amor, un nuevo mejor amigo, una nueva oportunidad, a la vuelta de la esquina. Aférrese al misterio y la maravilla del futuro. Esto vendrá, Dios se encargará de eso por usted. Puede ser difícil para usted verlo desde donde está en el viaje. Pero está avanzando.

"Miren tus ojos hacia adelante, y que tu mirada se fije en lo que está frente a ti. Fíjate en el sendero de tus pies, y todos tus caminos serán establecidos. No te desvíes a la derecha ni a la izquierda; aparta tu pie del mal." Proverbios 4: 25-27

Padre celestial, gracias por apoyarme mientras avanzo en mi viaje. Gracias por enviar a otros a mi vida para hacerme compañía. Amén.

DEVOCIONAL PARA AQUELLOS QUE HACEN FRENTE A LA TRAGEDIA

Culpar Inapropiadamente a Algo o Alguien

Cuando nos sentimos mal o que algo injustificado nos ha sucedido, buscamos la razón. ¿Quién nos hizo esto? Usamos la culpa para dirigir nuestra ira hacia alguien más.

"Estas cosas os he hablado para que en mí tengáis paz. En el mundo tenéis tribulación; pero confiad, yo he vencido al mundo." Juan 16:33.

En el versículo anterior, se cita a Jesús en el libro de Juan cuando habló a sus discípulos. Quería que entendieran que, como cristianos, tendrían muchas pruebas, porque creían en Jesús cuando la mayoría de la gente no lo hacía en esa época. Independientemente de las tribulaciones, Jesús les dijo que no se preocuparan porque finalmente tendrían paz en sus vidas. Como los discípulos, usted también tendrá un futuro más pacífico.

Al principio de su viaje, puede sentir la necesidad de culpar a los demás o a usted mismo. La culpa es un enemigo del progreso en su viaje. La culpa no es útil de ninguna manera. Si le infligieron un trauma a usted o a un ser querido, si un ser querido se enfermó o recibió un diagnóstico inquietante, quizás usted puede culpar a una multitud de otras personas o situaciones. Si usted o un individuo sufrieron un accidente que resultó en una lesión, la culpa podría ser un pensamiento instantáneo. Los abogados constantemente anuncian que pueden ayudarlo a ganar dinero culpando a las personas. Pero la culpa es contraproducente. La culpa lo mantendrá atascado. Para ir más allá de la culpa, debe pensar en el juicio. Está siendo juez cuando asigna la culpa. Al parecer no puede dejar de juzgarse y culparse a sí mismo. Esto puede ser una lucha constante para usted. Si le lleva un tiempo ir más allá de la culpa, eso no es inusual. Pero echemos un vistazo al juicio, y podemos volver a visitarlo más adelante en su viaje.

"De modo que cada uno de nosotros dará a Dios cuenta de sí mismo." Romanos 14:12

Como dice el versículo escrito por el apóstol Pablo, todos nos presentaremos ante Dios y daremos cuenta a Dios. Por lo tanto, no debemos preocuparnos por juzgar o culpar a otros. La persona a la que usted culpa se presentará ante Dios y será juzgada. El juicio solo debe ser hecho por Dios. Entréguele esto a Él tan pronto como pueda. Si aún no está listo, está bien. Aún puede sentir que alguien más tiene la culpa. Aún no está listo para soltar la culpa. Solo le están presentando esta idea ahora. Guarde la idea para más adelante en su viaje, cuando esté listo. La autoculpa puede ser aún más difícil de dejar; y perdonarse puede ser la tarea más difícil. Visitaremos esto nuevamente más adelante en el viaje también. Entonces, no se sienta mal si esto toma algo de tiempo. Pero piense en esto: **todo el tiempo y la energía que gasta en la culpa lo retrasará en su viaje de regreso a Dios y a la paz.** Así que, por ahora, concéntrese en los siguientes pasos: lea las siguientes palabras, luego cierre los ojos y piense solo en estas palabras escritas por Santiago, el hermano de Jesús:

"Acercaos a Dios, y El se acercará a vosotros..."
Santiago 4:8

Lea esas palabras de nuevo. Tome una respiración lenta y profunda y piense en las palabras una vez más.

Ahora lea las palabras a continuación

"El Señor está cerca de todos los que le invocan, de todos los que le invocan en verdad." *Salmos 145:18*

Ahora lo sabe. Usted ha pensado en Dios. Se ha acercado más a Él, y Él estará más cerca de usted porque lo llamó. Dios está con usted. Puede que aún no esté listo para orar o tener sentimientos más profundos acerca de Dios. Solo recuerde que Él es paciente, esperará hasta que usted esté listo. Él le traerá paz a su vida una vez más. Su mano todavía está extendida hacia usted.

Padre celestial, gracias por su paciencia. Gracias por no rendirme mientras camino por este difícil camino. Por favor, continúe guiándome y fortaleciéndome. Amén.

Ansiedad y Preocupación

"Por tanto, no os preocupéis por el día de mañana; porque el día demañana se cuidará de sí mismo. Bástele a cada día sus propios problemas." Mateo 6:34

"La ansiedad en el corazón del hombre lo deprime, mas la buena palabra lo alegra." Proverbios 12:25

Hay muchas razones por las cuales puede estar preocupado o tener ansiedad. Estos sentimientos a menudo acompañan traumas o eventos significativos. ¿Por qué? Recuerde que este evento tuvo un impacto en su vida. De alguna manera, su vida ha cambiado. Antes de que iniciara este viaje, usted se dio cuenta de que este evento o suceso estaba fuera de su control. Ansiedad y preocupación acompañan una pérdida de control. Una pérdida de "normalidad".

Si fue víctima de un crimen o una lesión accidental, la ansiedad se manifiesta porque usted teme que vuelva a ocurrir. Si estos sentimientos de ansiedad son importantes, recuerde contactar a un consejero o pastor. La ansiedad puede requerir apoyo adicional para ayudarlo a reducir los síntomas.

La preocupación y la ansiedad se pueden manifestar después de un trauma. Puede ayudar pensar a través de la preocupación o ansiedad que está sintiendo y buscar mecanismos que lo pueden ayudar a reducir la ansiedad. Si perdió a un ser querido o ahora está cuidando a uno, algunas de sus preocupaciones pueden ser financieras. Si es así, busque la ayuda de amigos y familiares que puedan ayudarlo a tomar las mejores decisiones respecto a las finanzas. Elaborar un plan ayudará a reducir la preocupación porque comenzará a tener cierto sentido de control o gestión de este aspecto de su vida. Lo mismo puede hacer con otras áreas de su vida que le están causando preocupación. Si tiene que mudarse como resultado de un trauma o de acontecimientos que le han cambiado la vida, tómese un tiempo para planificar los pasos que debe seguir. Si es posible, haga listas de verificación u otros planes concretos y solicite a otros que lo ayuden según sea necesario. Tomar medidas para seguir adelante aliviará la ansiedad y la preocupación que pueda estar experimentando.

Jesús nos enseñó sobre la preocupación en el versículo anterior de Mateo. Él nos recuerda que preocuparse por los detalles no agregará ningún momento a nuestras vidas, además nos dice que hay más cosas en la vida de las que preocuparse. Después del evento que sucedió en su vida, no se preocupe demasiado en el futuro, sino más bien tome su planificación y preocupación un día a la vez. Haga pequeños pasos y luego observe el progreso que está haciendo. Agradezca la ayuda que pueda recibir de amigos y familiares. Dios puso a esas personas en su camino por una razón. Confíe en ellos cuando pueda y demuestre su gratitud. Esto también se observa en el segundo versículo anterior de Proverbios. La ansiedad y la preocupación pesarán sobre usted, pero decir buenas palabras, tener pensamientos de gratitud, aliviará su corazón y su mente.

Cuando se sienta débil, preocupado o ansioso, piense en esto: **Dios lo está esperando para ayudarlo.** Si se está acercando un poco a Dios en este punto de su viaje, recuerde los versículos siguientes y piense en ellos a medida que avanza en sus planes diarios y en su viaje de fe.

"Todo lo puedo en Cristo que me fortalece." Filipenses 4:13.

¿Cómo puede obtener la fuerza que necesita?

"Pero Jesús, mirándolos, les dijo: Para los hombres eso es imposible, pero para Dios todo es posible." Mateo 19:26

Padre celestial, gracias por todas las bendiciones que me ha brindado. Por favor deme fuerza y valor y ayúdeme con mis preocupaciones. Amén.

Sentimientos de Culpa

"Por tanto, habiendo sido justificados por la fe, tenemos paz para con Dios por medio de nuestro Señor Jesucristo." Romanos 5:1

"...Echando toda vuestra ansiedad sobre El, porque El tiene cuidado de vosotros." 1 Pedro 5:7

Usted continúa su viaje abriendo este libro todos los días y leyendo estas palabras. Esto es una indicación de que, a pesar de que ha pasado por una prueba, una prueba importante, quiere avanzar y volver a conectarse o acercarse a Dios. Desea sentirte en paz nuevamente. Pero también puede estar luchando con la culpa. Puede sentir que hay algo que podría haber hecho para evitar que ocurriera el trauma o la tragedia. Esto está relacionado con otros dos conceptos: culpa y ansiedad. Puede recordar, en un devocional anterior, que la culpa estaba relacionada con el juicio. La auto-culpa indica que usted se está juzgando a sí mismo sobre lo que sucedió en el pasado y se ha encontrado culpable. Usted juzgó que lo que sucedió fue su culpa o que podría haber evitado que ocurriera. Recuerde que solo Dios puede juzgar, así que deje la culpa detrás de usted y comience a avanzar. Como el apóstol Pablo escribió en el versículo anterior, somos justificados por nuestra fe, y por lo tanto tenemos paz con Dios por medio de Jesús. No se agobie con culpa o autoculpa. A todos se nos ha otorgado el don de la paz, aunque a veces aún puede sentirse incómodo o culpable.

La culpa también está relacionada con la preocupación. ¿Cómo? Porque si todavía usted se está culpando en cualquier nivel, entonces aún sigue en su mente la preocupación de que usted debería haber hecho algo diferente. Le preocupa que haya algo que hizo o no hizo en el momento en que ocurrió la tragedia o el evento. Le preocupa que "si tan solo hubiera ..." o "Si no fuera así", las cosas serían diferentes o el evento no hubiera sucedido. Estos pensamientos generarán más preocupación y ansiedad. Como se indica en el versículo anterior, se nos instruye a arrojar todas las ansiedades sobre Dios porque Él se preocupa por nosotros. Y porque a Él le importamos, Él será el juez por nosotros. Solo le rendimos cuentas a Él. No se preocupe por lo que hizo o dejó de hacer y no intente juzgar ni culpar. Transferir toda su preocupación sobre esto a Dios le liberará de una carga muy pesada.

Sentir culpa disminuirá su progreso en su viaje de regreso a Dios. La culpa gastará su tiempo y energía mental y bloqueará su movimiento hacia adelante. La culpabilidad aumentará la probabilidad de que continúe teniendo sentimientos de depresión. Piense en esto: **la culpa es un gran peso que usted lleva y Dios puede ayudarle a sacar esta carga de sus hombros. Déjelo a Él.**

"Echa sobre el Señor tu carga, y El te sustentará; El nunca permitirá que el justo sea sacudido." Salmos 55:22

"El Señor sostiene a todos los que caen, y levanta a todos los oprimidos." Salmos 145:14

Padre celestial, gracias por tomar toda mi ansiedad y preocupación. Por favor, ayúdeme a recordar que ya no es mi carga a soportar. Amén.

Sentimientos Intensos de Vergüenza

"El Señor Dios me ayuda, por eso no soy humillado, por eso como pedernal he puesto mi rostro, y sé que no seré avergonzado." Isaías 50:7

"Busqué al Señor, y Él me respondió, y me libró de todos mis temores. Los que a Él miraron, fueron iluminados; sus rostros jamás serán avergonzados." Salmos 34: 4-5

Algunos tipos de traumas o tragedias pueden causar sentimientos de vergüenza. La vergüenza la puede tener un padre cuyo hijo, al tomar decisiones equivocadas, tiene altercados con el sistema legal. La vergüenza puede ser el sentimiento que una persona tiene después del abuso, ya sea físico, mental, abuso sexual o asalto. La vergüenza puede ser el resultado de problemas legales que quizás experimentó en el pasado. También puede ser la sensación que usted tiene cuando otra persona cree que el accidente o tragedia podría haberse evitado, sin embargo, esta tragedia ocurrió y se siente avergonzado de no poder evitarlo. La vergüenza puede ser un sentimiento asociado también con la autocomplacencia y la culpa.

Los versículos anteriores claramente le dicen al lector que Dios lo ayuda a trabajar a través de sentimientos de vergüenza y que los creyentes no experimentarán vergüenza. Sin embargo, la vergüenza puede ser un sentimiento persistente subyacente de que puede tener dificultades para quitarla. La vergüenza es otro sentimiento asociado con la ansiedad. Esto se debe a que puede tener vergüenza subyacente por el pasado y preocuparse por lo que otras personas escuchan sobre los eventos. Si la tragedia del pasado ya es conocida por los demás, puede que esté preocupado por lo que piensan de usted y de la tragedia. Puede pensar que lo están culpando. En otras palabras, se preocupa por el juicio sobre usted. El segundo versículo subraya la importancia de mirar a Dios porque aquellos que lo hacen, sin importar el pasado, nunca serán avergonzados.

La vergüenza también es un sentimiento que puede acercársele aunque usted esté trabajando para aproximarse a Dios. La sensación de vergüenza que tiene puede hacer que piense que no puede estar cerca de Dios.

Pero como dice el versículo de Isaías, estar cerca de Dios significa que no experimentará la vergüenza. Las cosas que otros pueden decir, o tal vez su percepción o interpretación de lo que otros dicen, provocarán la sensación de vergüenza. Piense en esto: **Dios lo levantará y le proporcionará experiencias positivas y significativas en las que podrá enfocarse mientras continúa su viaje.** Espere. Agradezca el tiempo que está usando para leer devocionales y aprender más sobre el amor de Dios y su apoyo para aquellos que lo necesitan.

"Pues la Escritura dice: Todo el que cree en Él no sera avergonzado." Romanos 10:11

"Mas tú, oh Señor, eres escudo en derredor mío, mi gloria, y el que levanta mi cabeza." Salmos 3:3

Padre celestial, gracias por estar conmigo. Gracias por ayudarme con mis sentimientos de vergüenza y culpa. Por favor, mantengame cerca de Usted cuando me sienta preocupado. Amén.

Relación de Ansiedad, Preocupación, Culpa y Vergüenza

"Porque no nos ha dado Dios espíritu de cobardía, sino de poder, de amor y de dominio propio." 2 Timoteo 1:7.

Después de un trauma o una tragedia, es posible que tenga un enredo de emociones difícil de resolver. De los principales sentimientos que a menudo se experimentan, la ansiedad, la tristeza o la depresión aparecen comúnmente. Dependiendo del tipo particular de trauma o tragedia que experimentó, también puede tener sentimientos de culpa y vergüenza. La preocupación probablemente se encuentre entre las emociones que tiene. Si tiene sentimientos de ansiedad, preocupación, culpa y vergüenza, es importante tener en cuenta que estas emociones están relacionadas y, con frecuencia, se alimentan entre sí. Puede beneficiarse al examinar el Apéndice 3, que le muestra cómo se relacionan estos sentimientos.

La ansiedad sobre un trauma o evento puede transferirse fácilmente a la preocupación diaria. Tal vez nunca fue una persona muy "preocupada" antes de este evento. Pero ahora lo está. También puede preocuparse por lo que otros piensen sobre el evento, su capacidad para manejar el trauma o que la gente crea que podría haber hecho algo diferente (culpa). La culpa puede llevar a la vergüenza por los eventos pasados. Este tipo de emociones se refuerzan mutuamente. ¿Qué significa esto? Significa que cuanto más a menudo se involucre en uno de estos patrones de pensamiento, lo más probable es que este ciclo interminable de emociones negativas continúe. Este ciclo de ansiedad, preocupación, culpa y vergüenza puede llevarle a la depresión y la tristeza.

El versículo anterior fue escrito en una carta del apóstol Pablo a un joven creyente que él instruyó. Le dijo a Timoteo que fuera valiente en sus acciones y que no tuviera miedo porque Dios nos dio un espíritu de poder, amor y autocontrol. Debemos enfocar nuestras mentes en el poder, el amor y el autocontrol de Dios. Este autocontrol puede incluir nuestros propios pensamientos. Cuando sienta que está yendo al interminable ciclo de pensamientos negativos, puedes pedirle a Dios fortaleza y ayuda para seguir adelante.

La ansiedad sobre un trauma o evento puede transferirse fácilmente a todos los días.

> *"La paz os dejo, mi paz os doy; no os la doy como el mundo la da. No se turbe vuestro corazón, ni tenga miedo." Juan 14:27*

Como este pasaje nos dice claramente, Jesús nos ha dado paz, incluso mayor que las preocupaciones de nuestro propio mundo. Invocar a Dios lo ayudará a soltar su corazón atribulado y alejar el miedo. Piense en esto: **cuando le pide a Dios que le dé fuerzas y lo ayude a ver las bendiciones, no estará teniendo pensamientos negativos.** Él puede ayudarlo a romper el ciclo.

> *"Busqué al Señor, y Él me respondió, y me libró de todos mis temores." Salmos 34:4*

Padre celestial, continúe dándome fuerzas para viajar en este viaje con usted. Ayúdeme a ver todas las bendiciones que me ha dado. Amén.

Conciencia de Dios e Ira Residual

> *"Entenebrecidos en su entendimiento, excluidos de la vida de Dios por causa de la ignorancia que hay en ellos, por la dureza de su corazón;"* Efesios 4:18

Este versículo fue escrito para explicarles a los creyentes que hay algunas personas, típicamente aquellas que no son cristianas, que simplemente no entienden la gloria de Dios y su Hijo, Jesús. Además, señala que estas personas tienen una dureza de corazón.

> *"Y que desde la niñez has sabido las Sagradas Escrituras, las cuales te pueden dar la sabiduría que lleva a la salvación mediante la fe en Cristo Jesús."* 2 Timoteo 3:15

En este versículo escrito a Timoteo, Pablo le recuerda que él era muy consciente de lo escrito en las Sagradas Escrituras desde la infancia y esto nos ayudará a comprender la gracia que nos es dada a todos a través de Cristo. Ambos versículos se pueden aplicar a las dificultades que experimentan las personas cuando no comprenden completamente la gracia total de Dios y cómo Él acepta a todos los que piden aceptación y perdón. Mientras viaja por este camino hacia Dios, será útil pensar en el amor que Dios tiene para usted sin importar qué.

No hay una hoja de ruta para el viaje en el que se encuentra. Probablemente ha estado plagado de tristeza, ira, ansiedad, conmoción, incredulidad y muchas otras emociones. Probablemente ha sido un viaje lleno de baches. Puede que aún no haya tenido muchos días buenos. Pero aún está avanzando. Regocíjese de que está trabajando duro para progresar y seguir buscando a Dios.

Durante este viaje, puede tener sentimientos contradictorios sobre Dios o su fe. Es posible que aún tenga sentimientos de enojo hacia Dios debido a que este evento o tragedia sucedió en su vida. Pero también puedes tener menos enojo hacia Dios si lo comparamos con el inicio de este viaje. Es posible que haya reavivado algunos sentimientos de fe o conocimiento de Dios de años anteriores y experiencias previas que fueron positivas. Como

Pablo le recordó a Timoteo, usted tiene una base con Dios. Su base inicial con Dios todavía está allí.

¿Cómo puede usted tener múltiples sentimientos sobre Dios y su fe al mismo tiempo, y aún así alberga sentimientos de enojo hacia Él? Dios es un Dios misericordioso y amoroso. Él le permite trabajar a través de su fe en esta parte de su viaje, sabiendo que todavía usted es amado por Él. Piense en esto: **usted es un hijo del Rey y Él no lo olvidará, especialmente en este tiempo de dolor o problemas.** Usted podría preguntar: ¿Cómo puede ser esto? Él cree en usted y no ha terminado de trabajar en usted. Él quiere que regrese a una fe aún más fuerte que antes del trauma.

"Él nos salvó, no por obras de justicia que nosotros hubiéramos hecho, sino conforme a su misericordia, por medio del lavamiento de la regeneración y la renovación por el Espíritu Santo." Tito 3:5

Para ayudarlo a avanzar, piense en los obsequios que le han dado sin siquiera pedirlos: un amanecer, lluvias de primavera, nieves invernales, plantas con flores, animales llenos de vida, personas que lo aman y lo apoyan. Dios es bueno; usted es bendecido. Seguirá cabalgando en este viaje y alcanzará el destino de paz en su vida y con Dios.

Padre celestial, confieso que he tenido un corazón endurecido después de todos estos sucesos en mi vida. Oro por su amor para mantenerme fuerte y ayudarme a pasar este tiempo. Amén.

Buscando la Felicidad

"Porque todo el que pide, recibe; y el que busca, halla; y al que llama, se le abrirá." Mateo 7:8

"Pero buscad primero su reino y su justicia, y todas estas cosas os serán añadidas." Mateo 6:33

En un devocional anterior, usted pudo leer sobre nuestra necesidad humana de "arreglar" las cosas, de mejorar las cosas después de una tragedia o un evento traumático. En este esfuerzo, podemos mudarnos, cambiar de trabajo, hacer un viaje para alejarnos del lugar de la tragedia u otras estrategias que cambien la vida. Estos esfuerzos pueden ganarnos tiempo y espacio, pero no nos ayudarán a alcanzar nuestro destino de paz. Estamos equivocados al pensar que estas actividades tomarán el lugar de la paz con nosotros mismos y con Dios.

Eventualmente descubrirá que la verdadera respuesta que está buscando es la paz con Dios. Lo que está buscando es estar más cerca una vez más del Señor y caminar con Él cada día a medida que avanza. Solo Él es el verdadero ayudante que lo acompañará en su viaje. ¿Por qué? Porque Él puede aliviar su preocupación, culpa, ansiedad y vergüenza. Caminando en el camino que Jesús ha instruido, ser más como Él, restablecerá la paz en su corazón. Caminar con Él significa mirar los maravillosos regalos en su vida en lugar de pensar en la tragedia día tras día. Caminar con Él significa pensar en cómo podría servir a los demás y cómo la tragedia que experimentó puede convertirlo en un mejor servidor para los demás y para Dios.

Es posible que ahora se pregunte: "¿Cómo llego allí? ¿Cómo puedo estar seguro de que estoy caminando y viviendo mi vida como Él me instruyó? Hay algunos pasos bastante simples que puede tomar cada día que le ayudarán a avanzar. Lea devocionales y la Biblia. Cuando sienta que está tomando un camino equivocado, el camino de la desesperación o la ansiedad, recurra a los pasajes que le reconfortan. Piense atentamente cómo puede aplicar cada pasaje a su vida personal. Mientras lee estos pasajes, tome notas, anote cómo sería vivir para usted de esta manera. ¿Podría significar que, en lugar de tener pensamientos negativos o ansiosos sobre el pasado, usted podría pensar en el ejemplo que nos presenta Jesús? ¿Podría significar que usted comenzaría a amarse otra vez? ¿Podría significar que comenzaría a pensar en no culpar a los demás, ni a usted mismo, y quizás pensar en el perdón? Visitaremos todas estas estrategias en los próximos devocionales. Pero por ahora, piense en esto: **cuando lea la palabra de Dios, no piense en cosas negativas, piense en el Señor.** Deje que Dios le ayude con este proceso. Él camina a su lado todos los días. Está esperando para ayudarlo a levantarse cuando tropiese, con amabilidad y calidez. Todo Pasará.

"Amo a los que me aman, y los que me buscan con diligencia me hallarán." Proverbios 8:17

Padre Celestial, ayúdeme a estar cerca de usted, leyendo las Escrituras. Guíeme en el camino en el que estoy y ayúdeme a ser fuerte. Amén.

DEVOCIONAL PARA AQUELLOS QUE HACEN FRENTE A LA TRAGEDIA

Dejando atrás la Vergüenza y la Culpa

"El ladrón sólo viene para robar y matar y destruir; yo he venido para que tengan vida, y para que la tengan en abundancia." Juan 10:10

"Mirad las aves del cielo, que no siembran, ni siegan, ni recogen en graneros, y sin embargo, vuestro Padre celestial las alimenta. ¿No sois vosotros de mucho más valor que ellas?" Mateo 6:26

Continúa leyendo las Escrituras y devocionales mientras avanza en este viaje. Llegó al punto en el camino donde necesitará detenerse y echar un buen vistazo hacia atrás y ver lo que ha dejado. Por ahora, ha comenzado a acercarse más a Dios y, a medida que pasa el tiempo, se está alejando del evento o trauma. Ha progresado mucho. Está comprendiendo más sobre cómo vivir más allá de la tragedia y cómo avanzar. En este momento, deberá considerar alejarse de toda vergüenza y culpa. ¿Por qué es esto tan importante? Es importante porque aferrarse a estas emociones y pensamientos nos impide recibir el verdadero perdón y la paz. Aferrarse a estos pensamientos, fomenta pensamientos negativos y oscuros. Estos tipos de pensamientos pueden aumentar otras emociones negativas, como la ira.

En el primer versículo, Jesús dijo que aquellos que no creyeron en Cristo estarían tentados de ir en la dirección equivocada, pero aquellos que creyeran serían salvos. Piense en aplicar esto a su situación actual. Cuando no está actuando como Dios quiere, puede albergar pensamientos, emociones y comportamientos negativos, y aumentar la probabilidad de otros pecados, como culpar a otros o no perdonar a otros. Jesús vino para que tuviéramos vidas abundantes. A pesar de que hemos sufrido pruebas, traumas o tragedias, no es el deseo de Dios que vivamos desesperados, manteniendo pensamientos negativos sobre nosotros mismos o los demás. Usted es de gran valor para Dios. Como se indica en el segundo versículo, Dios se preocupa por todas las criaturas vivientes, pero Él se preocupa más por nosotros.

¿Cómo nos alejamos de la culpa y la vergüenza? Recuerde que la vergüenza es una emoción que solo usted puede ver en sí mismo, que solo usted puede sentir acerca de usted mismo y sobre los eventos pasados. Otros no ven la vergüenza; otros no sienten sus emociones de culpa que ha puesto sobre usted. Puede que no haya habido nada en absoluto que pudiera haber hecho de manera diferente en los eventos pasados y que hubieran cambiado el resultado. La mayoría de los eventos o tragedias en la vida son la culminación de varios factores que usted no controla. Entonces, deje ir esos sentimientos. Quizás esté diciendo "Pero sé que podría haber hecho_algo" de manera diferente. Si por alguna razón, siente una gran necesidad de confesar a Dios que podría haber hecho algo diferente, confiéselo inmediatamente y será perdonado. Eso es. ¿Parece lo suficientemente simple? lo es. Piense en esto: **Dios lo perdona cuando confiesa.** No solo será perdonado, sino que también será limpiado. Confiéselo, recíbalo. Avance.

"Si confesamos nuestros pecados, El es fiel y justo para perdonarnos los pecados y para limpiarnos de toda maldad." 1 Juan 1:9

Padre celestial, sé que tiene el control de todas las cosas. Por favor, perdóneme por cualquier maldad que pueda haber cometido y quite de mi corazón esta carga de vergüenza o culpa. Amén.

Debemos Resistir el Aislamiento

"El que vive aislado busca su propio deseo, contra todo consejo se encoleriza." Proverbios 18:1

"En esto sabemos que permanecemos en Él y Él en nosotros: en que nos ha dado de su Espíritu." 1 Juan 4:13

La tragedia y el trauma lo han dejado sin ganas de ir a lugares y estar con personas. Es posible que haya aceptado inicialmente la ayuda de familiares y amigos, tal vez incluso lo haya solicitado. Pero a medida que pasa el tiempo, es posible que quiera estar solo. Puede creer que otros querrán hablarle acerca del trauma o la tragedia o hacerle preguntas sobre cosas de las que no quiere hablar. O bien, puede pensar que no tiene nada en común con otras personas que no han tenido que soportar estas pruebas importantes, a pesar de que solían ser buenos amigos o pasaban mucho tiempo juntos antes del trauma.

Durante la primera parte del viaje, es posible que haya necesitado tiempo y espacio a solas. Fue un shock, no fue planeado, y su mundo se convirtió en un lugar diferente debido a la tragedia. Ha experimentado esa pausa, el descanso de los demás, para recuperarse y comenzar a resolver su nueva vida. Parte de la nueva vida será relacionarse con las personas. Es posible que desee volver a conectarse con las personas que conocía antes y durante el evento traumático. O bien, es posible que desee encontrar a otros a quienes visitar y establecer nuevas relaciones. No necesita encontrar un grupo grande de personas y saltar justo en el medio del grupo, pero debe buscar la compañía de uno, dos o tres amigos cercanos por ahora. Estos eventos sociales no necesitan ser asuntos de todo el día, sino salir y tomar una taza de café, una comida, una conversación. Ir a la iglesia con amigos o participar de una actividad especial de la iglesia. Contáctese con otros cristianos que puedan apoyarlo. Como dice el primer versículo, buscar aislamiento no es muy sensato.

No se preocupe por tratar de socializar. No será tan difícil como podría pensar. Recuerde que Dios tenía la intención de que tuviéramos compañeros, hermanos y hermanas en Cristo. Él alienta esta confraternidad. Está perfectamente bien tomarlo despacio. Tal vez solo una o dos salidas a la semana al principio. No tenga ansiedad acerca de estas salidas iniciales. Al igual que con otras cosas que hace en su vida, Dios está con usted, así que deje a un lado sus preocupaciones.

> *"El Señor irá delante de ti; Él estará contigo, no te dejará ni te desamparará; no temas ni te acobardes."*
> Deuteronomio 31:8

Antes de que muriera Moisés, le dio instrucciones a Josué acerca de llevar a la gente a la tierra prometida. El versículo anterior es lo que Moisés le dijo a Josué, para aliviar sus temores. Cuando se encuentre en una situación nueva o diferente, piense en Josué. Él sabía que debía avanzar; Dios estaba con él como Él está con usted.

Además de estar cerca de las personas para socializar y disminuir los sentimientos de soledad, hay otra razón más importante para no aislarse. Piense en esto: **estar con otros amigos de fe fomentará su propio crecimiento espiritual.** Recuerde que su destino final es la paz con Dios. Tener amigos que sean fuertes en su fe le ayudará en su viaje. Estar cerca de personas con verdadera fe en Dios fortalecerá su punto de vista positivo y el tiempo que pase con estos amigos serán momentos en que no se preocupará ni sentirá tristeza o ansiedad. Una vez que haya hecho estas conexiones, aproveche la oportunidad para visitarlos con frecuencia. Tanto usted como su amigo más cercano serán bendecidos.

Padre celestial, guíeme para encontrar el apoyo y las amistades que me ayudarán. Gracias por estar cerca de mí a medida que avanzo. Amén.

Buscando a Otros para que Pueda Recibir Ayuda y Estímulos Necesarios

"Más valen dos que uno solo, pues tienen mejor remuneración por su trabajo. Porque si uno de ellos cae, el otro levantará a su compañero; pero ¡ay del que cae cuando no hay otro que lo levante!" Eclesiastés 4:9-10

"Es decir, para que cuando esté entre vosotros nos confortemos mutuamente, cada uno por la fe del otro, tanto la vuestra como la mía." Romanos 1:12

Al recorrer su camino de fe, ha experimentado muchas emociones. Inicialmente, es posible que haya deseado más tiempo solo. Como se discutió en el devocional sobre el aislamiento, estar con otros puede beneficiarlo a usted y a la otra persona. Pero es posible que tenga preguntas sobre cómo encontrar personas que lo respalden o, si ya tiene una buena base de apoyo con familiares y amigos, puede desear saber cómo establecer relaciones aún más fuertes con los demás. Esto puede parecer más complicado que antes de la tragedia. Está empezando a sentir la necesidad de estar con los demás, pero las cosas ahora son diferentes y es posible que no quiera parecer una carga para sus amigos. Una cosa en que pensar es planear actividades o reuniones en las que todos participen por igual. Estas reuniones pueden centrarse en comidas, reuniones de la iglesia, películas, paseos, carreras, picnics, etc. En cada uno de estos, todos tienen la oportunidad de participar por igual. Cuando participa en tales eventos, puede sentir que está empezando a socializar de la misma manera que socializó antes del trauma. Este es un gran paso adelante en su viaje. ¿Por qué socializar es tan importante? La Biblia nos instruye a hacerlo.

El primer versículo de esta devocional señala una vez más que debemos mantener las amistades para que podamos ayudarnos mutuamente. También indica que cualquiera de las dos personas en una amistad puede necesitar ayuda y que, a pesar de que haya experimentado un trauma o una tragedia, debe brindar ayuda a los demás cuando la necesiten. Estos actos de bondad y apoyo le ayudarán a avanzar constantemente en nuestro viaje de fe.

El segundo versículo de la Escritura subraya la importancia de las amistades para fortalecer la fe. Su relación con otros fortalecerá la fe de ellos, así como ellos reconfortarán su fe. En otras palabras, todos debemos cuidarnos los unos a los otros y reforzar la fe de los demás. Si siente que aún no tiene suficiente fe como para ofrecer fortaleza a otros, entonces otros pueden ayudarlo a reforzar aún más su fe y, finalmente, usted podrá ofrecer fortaleza a los demás.

Sus experiencias pasadas le darán fuerza, conocimiento y empatía para experiencias de vida que nunca antes tuvo. A medida que su fe se fortalezca, necesitará esta empatía para seguir viviendo según lo esperado por Dios.

"Llevad los unos las cargas de los otros, y cumplid así la ley de Cristo." Gálatas 6:2

Padre celestial, gracias por brindarme oportunidades para estar con los demás. Ayúdeme a apoyar a otros cuando lo necesiten. Amén.

Permitiendo a Otros en su Vida

"Este es mi mandamiento: que os améis los unos a los otros, así como yo os he amado." Juan 15:12

"Dad, y os será dado; medida buena, apretada, remecida y rebosante, vaciarán en vuestro regazo. Porque con la medida con que midáis, se os volverá a medir." Lucas 6:38

Su viaje continúa. Jesús emitió un mandamiento en el libro de Juan que dice que debemos amarnos los unos a los otros. Este es Su deseo para nosotros, estar todos unidos y ayudarnos unos a otros de acuerdo a la forma en que Él ayudó a los demás. Su vida es un ejemplo para seguir. Esto puede ser difícil de pensar y hacer si todavía está luchando con su propia relación con Dios o con otras personas. En verdad, Dios nos envía personas que necesitamos. Es increíble la gente que Dios pondrá en su camino y que puede ayudarlo. Con estas personas usted se podrá relacionar fácilmente y ellos se comunicarán con usted. ¿Cómo lo sabrá? Esté atento a una palabra o acción amable, un comentario que le permita saber que ellos están sintiendo sus emociones, o declaraciones que indican que tienen cosas en común que lo llevarán a una relación más cercana entre sí y con Dios. Estas personas pueden haber estado en su vida antes de su tragedia, pero no las necesitaban de la misma manera. ¿Recuerda que este viaje en realidad comenzó antes del evento? El devocional inicial le pidió que piense sobre cómo era su vida antes de que ocurriera la tragedia y que se de cuenta de que hay personas a las que puede necesitar pedir ayuda. En el pasado, algunos de estos individuos pueden haber sido solo conocidos. Pueden ser vecinos o personas que usted conoció en la comunidad o en el trabajo. Esté atento ya que ellos podrían estar tratando de apoyarlo ahora y establecer una relación de ayuda.

El segundo versículo anterior nos recuerda que la forma en que damos o interactuamos nos será devuelta. ¡De hecho, dice que se pondrá en tu regazo! Esta es otra forma de decir que lo que sembramos, cosechamos. Este versículo puede significar que si no estamos siendo positivos con los demás, ellos no serán positivos con nosotros. O, cuando actuamos de manera positiva, nos pasarán cosas positivas. Cuando vea estas oportunidades para conectarse, tómelas e interactúe con otras personas.

Usted conoce los diez mandamientos en el antiguo testamento. Pero cuando le preguntaron a Jesús acerca de los mandamientos, Él nos dio dos. El primero fue amar a Dios. El segundo era amar a tu prójimo como a ti mismo. En momentos en que se sienta estresado o desconectado, piense en esto: **los demás están listos para ofrecerle este tipo de amor y, como dijo Jesús, usted debe amarlos también.**

"El segundo es éste: "Amaras a tu projimo como a ti mismo." No hay otro mandamiento mayor que éstos."
Marcos 12:31

Padre celestial, gracias por poner a la gente en mi camino. Ayúdeme a saber cómo pedir apoyo y cómo ofrecérselo a los demás. Amén.

Aniversarios y Otras Celebraciones

"Bienaventurados los que lloran, pues ellos serán consolados." Mateo 5:4

"Hay un tiempo señalado para todo, y hay un tiempo para cada suceso bajo el cielo: tiempo de nacer, y tiempo de morir; tiempo de plantar, y tiempo de arrancar lo plantado; tiempo de matar, y tiempo de curar; tiempo de derribar, y tiempo de edificar; tiempo de llorar, y tiempo de reír; tiempo de lamentarse, y tiempo de bailar..." Eclesiastés 3:1-4

Un año después de la tragedia, y posiblemente todos los años posteriores, usted y los que lo rodean pensarán en el aniversario del evento. Puede parecer que ha retrocedido un poco en su viaje. Puede revivir mentalmente el evento o cuando escuche las noticias acerca de este. Puede sentir muchas de las mismas emociones que sintió ese día y durante los días posteriores al evento: depresión, ansiedad, tristeza, preocupación, una sensación de que las cosas nunca volverán a ser lo mismo. No se sorprenda por estos sentimientos. Es posible que desee volver a visitar algunos de los devocionales anteriores que abordan estas emociones. Tal vez dará un paso o dos hacia atrás en el viaje, pero esta es una excelente oportunidad para que los que le rodean le respalden. Es un momento para pensar también en las muchas bendiciones que tiene, incluso después del evento.

Llegar a un aniversario es una oportunidad para mirar atrás y ver el progreso que ha logrado desde entonces. Ha avanzado a través del dolor y la conmoción inicial. Gradualmente ha estado avanzando hacia los demás y hacia Dios. Todos estos son hitos que puede reconocer y apreciar.

Además del aniversario del evento real, también puede dar un paso atrás durante las celebraciones importantes que disfrutó antes de la tragedia. Tal vez la Navidad, los cumpleaños u otras celebraciones personales pueden ser particularmente difíciles durante el primer año o más. Si la tragedia fue la pérdida de un ser querido, recordará las vacaciones y los recuerdos que tuvo con esa persona antes de que falleciera. Si la tragedia fue un divorcio, un aborto espontáneo u otra relación personal, accidente o trauma, usted pensará en esos sucesos durante las celebraciones y las fiestas.

El segundo versículo anterior es muy importante para pensar durante estos días difíciles. Habrá ocasiones en las que llorará, y habrá igualmente momentos para celebrar el nacimiento, reír, bailar y ser restaurado y sanado. Usted se está moviendo a través de buenos y malos momentos, y sus emociones estarán influenciadas. Recuerde que su mente y sus pensamientos pueden comenzar un ciclo negativo si continúa manteniendo los pensamientos negativos durante los días posteriores a estas celebraciones. Está bien reflexionar sobre el aniversario o las vacaciones, y luego, como en el pasado, consulte los pasajes positivos de la Biblia, los amigos edificantes, las actividades sociales y revise las bendiciones de su vida. Piense en esto: **cada aniversario o día festivo será gradualmente más fácil de soportar si toma la mano de Dios para caminar en estos tiempos.** Él le sanará. Pídale la ayuda que necesita.

"Sana a los quebrantados de corazón, y venda sus heridas." Salmos 147:3

Padre celestial, ayúdeme a ser fuerte. Oro pidiendo por su fuerza y amor. Ayúdeme a recordar que con usted tendré una vida pacífica en mi futuro. Amén.

¿Está Bien ser Feliz?

"Aun en la risa, el corazón puede tener dolor, y el final de la alegría puede ser tristeza." Proverbios 14:13

"El corazón alegre es buena medicina, pero el espíritu quebrantado seca los huesos." Proverbios 17:22

"Además, que todo hombre que coma y beba y vea lo bueno en todo su trabajo, eso es don de Dios." Eclesiastés 3:13

Puede ser un pensamiento inusual que cruza su mente a lo largo de este viaje. En realidad, puede preguntarse si está bien que se sienta feliz. Tal vez piensa que el tiempo suficiente no ha pasado. Puede pensar que se supone que debe permanecer triste o luchar para seguir adelante en su viaje más allá de la tragedia. ¿Por qué tendría estos sentimientos? Algunas personas afirman que se sienten culpables de ser felices. Desde que ocurrió esta tragedia, de alguna manera deberían ser castigados y no experimentar la felicidad por mucho, mucho tiempo, si es que alguna vez lo hicieron.

El primer versículo nos recuerda que usted puede reir y sentir felicidad al mismo tiempo. Su corazón no está completamente curado pero a veces puede sonreír o reír. Está perfectamente bien tener sentimientos de felicidad y emoción. Debería reír y buscar la satisfacción y el disfrute en la vida. De hecho, como puede ver en el segundo versículo de Proverbios, la risa puede ayudar a mover su espíritu a un lugar mejor.

En la línea de experimentar la felicidad, tal vez es hora, en este viaje, de que comience a planear actividades que puede disfrutar. Comience a buscar eventos y oportunidades donde pueda ser feliz. Busque actividades que haya disfrutado en el pasado y experimente el gozo nuevamente. Como nos dice el versículo de Eclesiastés, debemos celebrar y disfrutar los eventos porque Dios nos lo ha dado como un regalo. Piense en esto: **Dios espera que disfrutemos de nuestras vidas en lugar de continuar viviendo en dolor con un espíritu derrotado.** Ha estado avanzando cada vez más en su viaje de fe. Buscando el gozo y, experimentando la risa de nuevo, esto es bueno porque es parte de la ruta del viaje. Deténgase en esta ruta y participe y luego sume estas experiencias entre sus bendiciones.

> *"Entonces nuestra boca se llenó de risa, y nuestra lengua de gritos de alegría; entonces dijeron entre las naciones: Grandes cosas ha hecho el Señor con ellos."*
> *Salmos 126:2*

Padre celestial, gracias por mis muchas bendiciones. Ayúdeme a ver la alegría en la vida y restaure la alegría en mi corazón. Amén.

Hacer Frente al Dolor de Recordatorios Inesperados

"Guárdame como a la niña de tus ojos; escóndeme a la sombra de tus alas." Salmos 17:8

"Pero fiel es el Señor quien os fortalecerá y protegerá del maligno." 2 Tesalonicenses 3:3

"Aunque yo ande en medio de la angustia, tú me vivificarás; extenderás tu mano contra la ira de mis enemigos, y tu diestra me salvará." Salmos 138:7

Como se discutió en un devocional anterior, hay días u ocasiones que podrían ser difíciles de manejar, como aniversarios o feriados. Cuando llegue a estos días o celebraciones a lo largo de su viaje, consulte los pasajes de la Biblia para encontrar fortaleza y ayudarlo a pasar al día siguiente. Pero puede haber recordatorios inesperados en su entorno, como medios de noticias, lugares donde recuerde algo sobre la tragedia, incluso personas a las que haya asociado con la tragedia. Alguien puede decir algo de manera involuntaria, que puede hacer que los recuerdos vuelvan a su mente. Puede que no sepa qué decir o cómo responder a tales comentarios. Puede sentirse aturdido, enojado, presa del pánico, frustrado, deprimido, una vez más. Usted puede estar completamente sin palabras.

Quizás sea mejor pensar en algunas situaciones como estas para estar preparado con una estrategia. ¿Cómo reaccionaría? ¿Qué diría de vuelta? ¿Cómo manejaría otros tipos de recordatorios, como un informe de noticias, visitando ciertos lugares nuevamente, o recordatorios visuales inesperados? Es importante pensar con anticipación para que no reaccione de manera tal que sus emociones comiencen a perder el control y vuelva a recurrir al ciclo del pensamiento negativo.

Una estrategia es buscar un versículo favorito, una oración, un dicho o una canción, en los que pensar. Como se afirma en los versículos anteriores, Dios le protegerá. Visualice la imagen del primer versículo, estar protegido debajo del ala de Dios. Sería reconfortante sentir esa protección general de Dios que te rodea. El segundo versículo declara que Dios lo protegerá de "el maligno". El maligno incluye el espíritu oscuro que lucha por su atención en contra del amor positivo de Dios. Ha estado luchando contra esta negatividad desde que comenzó el viaje. Todo el tiempo, Dios puede protegerle de todo esto cuando usted lo pida.

Y el tercer versículo le recuerda que, aunque esté caminando directamente hacia el peligro, al estar en un lugar asociado con la tragedia o al interactuar con alguien que busca dañar su espíritu al decir cosas sobre el evento, Dios le protegerá. Él le ayudará a través de estos recordatorios inesperados de su trauma. Una vez que el recordatorio haya pasado, respire hondo, diga el versículo u oración que ya ha puesto en su arsenal o kit de herramientas, y de un paso más allá del recordatorio. No está en un lugar vacío donde nunca habrá un recuerdo. Es probable que estos recordatorios aparezcan de vez en cuando. Piense en una estrategia para que no le pillen desprevenido. Tener un plan será de mucha ayudar. Y luego revise sus pensamientos para asegurarse de que no está cayendo en un patrón de pensamiento negativo. Piense en esto: **Dios lo protegerá de estos pensamientos oscuros cuando le pida que lo haga.**

"El nombre del Señor es torre fuerte, a ella corre el justo y está a salvo." Proverbios 18:10

Padre celestial, gracias por su amor todos los días. Por favor, deme fuerza cuando esté tentado a caer de nuevo en la debilidad. Guárdeme de la desesperación. Amén.

Estrés en las Relaciones

"Por dentro me hierven las entrañas, y no puedo descansar; me vienen al encuentro días de aflicción." Job 30:27

"Airaos, pero no pequeis; no se ponga el sol sobre vuestro enojo," Efesios 4:26

Tener una tragedia importante en su vida le ha llevado a una prueba difícil. Ha tenido tantas emociones inundando los últimos pasos de su viaje desde el evento. Cuando estamos en montañas rusas emocionales, todo nuestro comportamiento cambia o fluctúa en formas que no podemos predecir o incluso comprender. A medida que interactuamos con otros, nuestros sentimientos pueden mostrarse. Podemos dar respuestas o reaccionar de maneras que nunca hubiéramos pensado antes de la tragedia. Cuando otros se acercan, podemos retirarnos. Cuando otros intentan ayudarnos a aclarar nuestros pensamientos, podemos enojarnos pensando que "no pueden entender". Es posible que nos moleste que otros estén experimentando alegría y felicidad. Podemos irritarnos fácilmente con los demás. Podemos permanecer enojados con personas que tienen buenas intenciones. Como nos recuerda el segundo versículo, no debemos guardar rencor, y no debemos continuar albergando enojo.

Estos sentimientos pueden afectar específicamente las relaciones que hemos tenido con otras personas antes del evento. Si el evento causó un conflicto entre el esposo y la esposa, por lo general debido a echarse la culpa, entonces puede haber discordia marital, separación o incluso pensamientos de divorcio. Estas disputas, quizás, nunca habían sucedido antes de la tragedia o el evento. Pero ahora, puede pensar acerca de estas acciones divisivas como posibilidades reales. Si la tragedia causó un conflicto entre usted y sus padres, hermanos o incluso amigos muy cercanos, estas heridas podrían seguir afectando sus relaciones después del evento.

Estas interacciones y reacciones dolorosas pueden causar más estrés de lo que piensa que puede soportar. A veces, lo mejor que puede hacer durante estos tiempos es estar tranquilo, orar y esperar.

"El Señor peleará por vosotros mientras vosotros os quedáis callados." Éxodo 14:14

Esto suena más fácil de lo que usted pueda sentir en este momento. Recuerde que Dios hizo que nuestros espíritus fueran capaces de controlar nuestros pensamientos y palabras. Puede llevar mucho esfuerzo y tiempo superar este nivel de estrés dentro de una relación. Probablemente haya oído hablar de familiares que no se han hablado durante muchos años. No permita que esto suceda en sus propias relaciones. Las relaciones de sanación son un área de su vida que puede requerir más tiempo para curar. Sea paciente. Dios es paciente con usted y nos da un buen ejemplo. Mientras trabaja en esto, consulte su Biblia en busca de las Escrituras que tengan significado para usted. Diga oraciones, oraciones que soliciten la fuerza y el conocimiento de cómo trabajar en esta situación. Ore para que usted y la otra persona en la relación reciban el conocimiento de Dios acerca de cómo resolver el estrés. Piense en esto: **Dios quiere que solicite ayuda y Él lo levantará.**

"Cuando mis inquietudes se multiplican dentro de mí, tus consuelos deleitan mi alma." Salmos 94:19

"Al Señor he puesto continuamente delante de mí; porque está a mi diestra, permaneceré firme." Salmos 16:8

Padre celestial, por favor traiga paz a nuestros corazones para que podamos dejar atrás nuestros conflictos. Guíenos en nuestras acciones el uno hacia el otro. Amén.

Preguntas de Otros

"No seas vencido por el mal, sino vence con el bien el mal." Romanos 12:21

"La suave respuesta aparta el furor, mas la palabra hiriente hace subir la ira." Proverbios 15:1

"Pero yo os digo: amad a vuestros enemigos y orad por los que os persiguen." Mateo 5:44

Usted leyó sobre recordatorios inesperados del trauma en un devocional anterior. Esos recordatorios pueden tomarlo por sorpresa. Pero a veces, incluso más alarmante, son las preguntas contundentes que las personas pueden hacer. Cuando se siente especialmente sensible acerca de los eventos pasados, tal vez un aniversario, vacaciones o incluso poco después del evento o tragedia vivida, cuando sus sentimientos están a flor de piel, estas preguntas pueden ser perjudiciales. Puede percibir las preguntas como mal intencionadas. Y algunas pueden serlo. Quizás la otra persona tiene una motivación maligna para hacer preguntas directas. Será útil prepararse para tales interacciones antes de tiempo si es posible. Si ya ha tenido estas experiencias, es posible que necesite analizar cómo reaccionó a las preguntas para determinar si su reacción fue aceptable.

Los versículos anteriores abordan formas de reaccionar. Estos versículos nos recuerdan que, aunque un individuo nos atacó de alguna manera, no deberíamos responder de la misma forma. Debemos hacer un esfuerzo para superar cualquier intención malvada con reacciones positivas. En el segundo versículo se nos dice que si reaccionamos de una manera desagradable, nuestras palabras duras pueden provocar aún más enojo. También se nos pide orar por las personas que tienen malas intenciones hacia nosotros. Esto es duro. Se nos pide que oremos por la otra persona porque deberíamos ayudarlo a sacar la maldad de su corazón. Pero orar por la otra persona también nos ayuda, porque ahora hemos cambiado nuestros malos pensamientos defensivos por pensamientos positivos y amorosos hacia los demás. Cuando nos encontramos con tales preguntas, una estrategia maravillosa sería memorizar estas palabras e invocar este versículo:

> *"Sean gratas las palabras de mi boca y la meditación de mi corazón delantede ti, oh Señor, roca mía y redentor mío."* Salmos 19:14

Aunque puede parecer que las preguntas sobre el trauma son incómodas y que la persona puede estar preguntando con mala intención, algunas personas hacen preguntas como éstas porque estan preocupadas por usted. Es posible que les preocupe su bienestar y cómo está avanzando después de un evento tan traumático. Esta es otra razón por la que debemos emplear una reacción positiva en lugar de una reacción defensiva o enojada. Piense en esto: **Dios le dará guía y fuerza a través de Sus palabras para reaccionar como debe.**

> *"Sed afectuosos unos con otros con amor fraternal; con honra, daos preferencia unos a otros."* Romanos 12:10

Padre celestial, ayúdeme a comprender que las personas no siempre tienen malas intenciones. Y Señor, si una persona tiene una mala intención, por favor quite la maldad de su corazón y del mío. Amén.

¿Por qué?

"Tened por sumo gozo, hermanos míos, el que os halléis en diversas pruebas, sabiendo que la prueba de vuestra fe produce paciencia, y que la paciencia tenga su perfecto resultado, para que seáis perfectos y completos, sin que os falte nada." Santiago 1:2-4

"Y sabemos que para los que aman a Dios, todas las cosas cooperan para bien, esto es, para los que son llamados conforme a su propósito." Romanos 8:28

La pregunta de "por qué" es una que cada persona que ha experimentado alguna forma de tragedia o tristeza acerca de un evento preguntará. ¿Por qué tenía que suceder? ¿Por qué a mí? ¿Por qué a mi familiar? Son preguntas que aparecen inmediatamente después de la tragedia. Probablemente no ha podido leer los pasajes anteriores. Es posible que estos versículos lo hayan enfadado porque tal vez usted estaba experimentado enojo por lo que le sucedió. Probablemente estaba molesto con todos y todo. Es posible que también haya estado extremadamente enojado con Dios. Es factible que haya experimentado profunda tristeza. Ahora, mientras ha estado en este viaje más allá del trauma, tal vez pueda leer los versículos anteriores sin enojo ni tristeza. ¡Este es un tremendo progreso en su viaje!

El hermano de Jesús, Santiago, escribió el primer versículo para nuevos creyentes que a menudo eran atormentados por su fe. Les recordó que las personas que actuaban en contra de ellos estaban poniendo a prueba su fe y que deberían seguir siendo fuertes en sus creencias cristianas. El apóstol Pablo escribió el segundo versículo para recordar a los creyentes que todo lo que les estaba sucediendo en la iglesia primitiva era para un plan más grande.

Dependiendo del tipo de trauma que experimentó, puede que no haya ninguna razón por la que sucedió la tragedia. Un ser querido es diagnosticado con una enfermedad mortal y luego experimenta su viaje celestial a casa. Este era el plan de Dios para esa persona, y finalmente, están en un lugar sin la enfermedad. Pero otros traumas, como aquellos en los que otra persona fue responsable de la tragedia, son más complicados de resolver. Un crimen fue cometido por otra persona en contra de usted o un ser querido. Un cónyuge es infiel, y el divorcio o la separación son el resultado de esto. Alguien es abusado por otra persona. Todos estos son ejemplos en los que usted es probado debido a las malas intenciones de otro. Estos actos son particularmente difíciles de procesar debido a la ira y la culpa que aún pueden existir. Este tipo de eventos se discutirán con más detalle en los devocionales sobre el perdón.

En verdad, los humanos no pueden entender por qué suceden eventos particulares. Estos eventos pueden ser el resultado de corazones malvados, la culminación de varios factores que resultan en accidentes o lesiones trágicas o simplemente la culminación de factores y la condición humana de la pecaminosidad. De todos modos, debemos pensar cómo podemos sumar estas tragedias entre los eventos en nuestras vidas de las cuales aprenderemos, y nos acercaremos más a Dios. Debemos recordar que estamos en el reloj de Dios. Él nos mostrará los planes significativos para nuestro futuro cuando estemos listos para actuar de acuerdo con esos planes. Podemos continuar preguntándonos "por qué" durante muchos años y, finalmente, cuando volvamos a vivir en paz, tendremos una mejor comprensión. Piense en esto: **¡se regocijará en el futuro cuando esté caminando en el trayecto que Dios ha planeado para usted!** Hoy, ore y tenga esperanzas como se observa en los versículos a continuación.

> *"Bienaventurado el hombre que persevera bajo la prueba, porque una vez que ha sido aprobado, recibirá la corona de la vida que el Señor ha prometido a los que le aman." Santiago 1:12*

> *"Gozándoos en la esperanza, perseverando en el sufrimiento, dedicados a la oración." Romanos 12:12*

Padre Celestial, ayúdeme a ser fuerte durante estas difíciles pruebas. Gracias por el amor que me ha dado. Amén.

Conciencia de la Presencia de Dios en mi Vida

"Ahora bien, la fe es la certeza de lo que se espera, la convicción de lo que no se ve. Porque por ella recibieron aprobación los antiguos. Por la fe entendemos que el universo fue preparado por la palabra de Dios, de modo que lo que se ve no fue hecho de cosas visibles." Hebreos 11: 1-3

"Jesús le dijo: ¿Porque me has visto has creído? Dichosos los que no vieron, y sin embargo creyeron." Juan 20:29

Para aquellos que han pasado por experiencias trágicas que muchas otras personas ni siquiera pueden imaginar, la presencia de Dios en su vida puede ser difícil de asumir. Es posible que se haya dado cuenta de que puede orar a Dios, que Él existe para los demás y que usted también puede orarle. ¿Pero cómo sabe si Él está presente? Y una pregunta aún mayor es, ¿cómo puede saber que Él está realmente en su vida en este momento? Después de todo lo que ha pasado y sentido, ¿cómo sabe que Él está allí ahora?

Los versículos anteriores nos hablan de la fe en Dios que no se puede ver. Debemos recordar que Dios tiene tres cuerpos importantes dentro de uno. Dios el Padre, Dios el Espíritu Santo, y Su Hijo, Jesús. Cuando leemos pasajes, escuchamos himnos u otra música que es para alabanza y adoración, escuchamos un sermón y hablamos con otros cristianos, sentimos que hay una presencia de Dios, que es más grande que todas estas experiencias. Algunas personas describen la percepción del Espíritu Santo dentro de ellas cuando participan en estas actividades. Pueden hablar de sentir el calor y la libertad en su relación con Dios, ya que saben que son redimidos. ¿Pero cómo sabe que Él está ahí para usted?

Solo necesitamos hacer observaciones del mundo que nos rodea para saber que hay un Dios y Él está aquí con usted. Cuando vea crecer a un bebé, escuche las primeras palabras de un niño, vea caminar a un niño pequeño, usted sabe que estos son milagros y que Dios está dentro de estos pequeños humanos inocentes. Pero solo necesitamos ver las noticias para saber que el mal también está presente en el mundo. El mal, de hecho, acecha en cada esquina esperando atacar a los que no conocen a Dios.

Pensemos sobre esto: usted sobrevivió a un terrible trauma. Comenzó a buscar respuestas a las preguntas sobre la tragedia. ¿Por qué sucedió? ¿Qué hacer ahora? ¿Por qué Dios permitiría esto? ¿Está Dios realmente conmigo? No puede verlo. Debe proceder solo por la fe. Podría haber recurrido fácilmente a las malas maneras de resolver su trauma. Podría haber reaccionado de manera hostil. Podría haber estado en una profunda depresión. Podría evitar todo contacto con las personas. Podría negarse a leer las Escrituras. Pero no lo hizo. Está aquí. Piense en esto: **Dios lo está guiando por este camino, y esto es evidencia de que Él está presente en su vida en este momento.** Agárrase a Él. Pídale fortaleza. Sea paciente. Sea amable con otros. Dios está trabajando dentro de usted.

"Porque por gracia habéis sido salvados por medio de la fe, y esto no de vosotros, sino que es don de Dios." Efesios 2:8

Padre celestial, gracias por estar presente en mi vida. Ayúdeme a sentir su presencia y permanece cerca de Usted. Amén.

La Vida Nunca Será Perfecta

"De manera que decimos confiadamente: El Señor es el que me ayuda; no temeré. ¿Qué podrá hacerme el hombre?" Hebreos 13:6

"Ni deis oportunidad al diablo." Efesios 4:27

"No se regocija de la injusticia, sino que se alegra con la verdad." 1 Corintios 13: 6

Su experiencia pasada nunca desaparecerá. Nunca estará bien que la tragedia haya sucedido. Puede ser hiriente escuchar que otros le digan "Pero eso fue hace mucho tiempo. ¿No has olvidado eso?" Y la respuesta es no. Nunca estará "sobre eso". No desaparece. No sienta que está fallando porque no puede llegar al punto donde el pasado está olvidado. ¿Cómo podría ser olvidado? Fue la prueba de toda su vida.

Podrá superar el trauma mientras continúa en el camino de la fe. Puede mirar hacia atrás y aún verlo. Nunca desaparecerá. Pero puede seguir creciendo su fe y esperar más días de los que mira atrás. Llegará a su vida pacífica y aún sabrá que la tragedia está allí, a kilómetros de distancia, pero aún está allí.

Para poder continuar haciendo este progreso, las Escrituras nos recuerdan que Dios es nuestro ayudador. Él está caminando a su lado. Quizás olvide que Él está allí, pero Él no se ha olvidado de usted. Cuando esté luchando, en su mente visualice que Él está caminando lado a lado con usted. Cuando se sienta débil, Él le sostendrá. Él estará allí siempre. Cuando sienta que está teniendo un momento débil, no le de ninguna "oportunidad al diablo" como se indica en el segundo versículo anterior. Permitir que la ira, la culpa, el resentimiento, la amargura y la tristeza vuelvan a sus pensamientos está permitiendo que la maldad vuelva a aparecer. Estos serán los momentos para que ore por ayuda.

En su viaje, debe avanzar hacia la verdad. Cuando Pablo escribió el versículo anterior a la gente en Corinto, quería que entendieran el amor incondicional que Dios tiene para nosotros y que debemos tener el uno para el otro. Él incluyó este versículo para decir que el amor se regocija en la verdad y no busca continuar haciendo lo incorrecto. Como cristianos, dejamos estos errores en el pasado y nos esforzamos siempre por hacer lo correcto. Deje la injusticia detrás de usted, muy lejos en la distancia, y avance hacia la verdad de que Dios lo ama y está allí para ayudarlo. Piense en esto: **cuando le pide a Dios que le ayude, Él no le abandonará. La vida nunca será perfecta, pero Dios siempre estará con usted en su viaje.**

En el versículo siguiente, Josué le dijo a la gente que Dios estaría con ellos tal como lo hizo con Moisés. Quería que la gente supiera que Él estaría allí para ellos. Para usted también, Dios estará con usted siempre para fortalecerle.

"Nadie te podrá hacer frente en todos los días de tu vida. Así como estuve con Moisés, estaré contigo; no te dejaré ni te abandonaré." Josué 1:5

Padre celestial, gracias por su presencia y amor. Por favor, tome mi mano y ayúdeme a avanzar. Guíeme en la forma en que necesito ir. Amén.

Deje a Dios el Juicio

"Porque el que procede con injusticia sufrirá las consecuencias del mal que ha cometido, y eso, sin acepción de personas." Colosenses 3:25

"Porque todos nosotros debemos comparecer ante el tribunal de Cristo, para que cada uno sea recompensado por sus hechos estando en el cuerpo, de acuerdo con lo que hizo, sea bueno o sea malo." 2 Corintios 5:10

Algunos tipos de tragedias involucran acciones cometidas por otros hacia usted o un miembro de su familia. Al comienzo de este viaje de fe, es posible que haya tenido fuertes sentimientos con respecto a la culpa de los otros y el castigo que se les debería dar. Si el evento que usted o su familia experimentaron fue una tragedia que involucró las acciones de otra persona o personas, es fácil entender sus sentimientos de culpa y castigo. Estos sentimientos están plagados de ira y resentimiento hacia los demás. Estos son sentimientos fuertes que son difíciles de combatir.

El juicio es algo que probablemente ha pesado mucho en su mente por algún tiempo.

Pero, ¿y si supiera con certeza que el individuo con el que está enojado, el que cree que es culpable, está listo para ser juzgado? Como las Escrituras nos dicen, esa persona recibirá un juicio apropiado ante Dios. No hay duda acerca de esto. Ese individuo será juzgado y pagará de acuerdo con los versículos anteriores. Si hubo un acto injusto, Dios ya lo sabe. Comprender que el juicio es una certeza arroja una luz diferente sobre el pensamiento anterior. En el pasado, puede haber sentido que juzgar a esta persona era su responsabilidad. Es posible que haya creído que era su obligación garantizar el juicio de alguna manera. Ahora sabe que no debe preocuparse por el juicio; la persona será juzgada. No solo se sintió responsable de los juicios, sino que también pudo haber creído que era su responsabilidad garantizar el castigo de la persona.

> *"Amados, nunca os venguéis vosotros mismos, sino dad lugar a la ira de Dios, porque escrito está: Mia es la venganza, yo pagare, dice el Señor."* Romanos 12:19
>
> *"No digas: Yo pagaré mal por mal; espera en el Señor, y El te salvará."* Proverbios 20:22.

Estos versículos nos dicen directamente que no debemos preocuparnos por el castigo ni devolverle a otra persona los pecados cometidos contra nosotros o un ser querido. El juicio y el castigo son responsabilidad de Dios. Lo maravilloso de darse cuenta de esto es que ahora su mente puede estar libre de esta carga. Piense en esto: **Dios juzgará, y castigará según sea necesario**. Si esto le pesaba en el pasado, debería sentir alivio al saber que todas estas cosas serán atendidas en el futuro de una manera mucho más poderosa y significativa de lo que usted podría hacer.

Padre celestial, perdóneme por querer juzgar y castigar a otros. Por favor, quíteme esta carga y ayúdeme a estar en paz. Amén.

Para Ser Perdonado, Debemos Perdonar

"Sea quitada de vosotros toda amargura, enojo, ira, gritos, maledicencia, así como toda malicia. Sed más bien amables unos con otros, misericordiosos, perdonándoos unos a otros, así como también Dios os perdonó en Cristo." Efesios 4:31-32.

"Y cuando estéis orando, perdonad si tenéis algo contra alguien, para que también vuestro Padre que está en los cielos os perdone vuestras transgresiones." Marcos 11:25.

Perdonar puede ser lo más difícil que hará alguna vez, si cree que alguien más tiene la culpa de la tragedia. En la presentación anterior, usted pudo comprender que el juicio y el castigo no son su responsabilidad. Dios se encargará de eso por usted. No tiene que estar agobiado con eso. Tal vez haya sentido algo de alivio sobre el juicio, pero todavía está preocupado porque sabe que Dios también espera que perdone al malhechor.

Escucha hablar del perdón en la iglesia, y lo ha leído en las Escrituras. Los versículos anteriores instruyen a los cristianos a dejar que nos sea quitada toda amargura. No solo debemos evitar pensar en tales cosas; debemos eliminar estos sentimientos de nuestro corazón y mente. Es difícil. Puede ser casi imposible. Puede haber dicho "nunca perdonaré a la persona por eso". Por lo tanto, tomaremos el perdón en pasos. Este devocional presenta las razones por las cuales se espera que perdonemos.

¿Por qué debemos perdonar? Debemos hacerlo porque Jesús ya nos ha perdonado cuando le pedimos que lo haga. Si la otra persona que cometió los errores en su contra o un miembro de su familia ha solicitado el perdón de Dios, entonces ya han sido perdonados. Si no se han arrepentido, serán juzgados en el futuro. Como dice el versículo anterior de Efesios, los cristianos deben amar a los demás y ser amables. Esto significa que no podemos continuar deseándoles daño ni podemos continuar albergando enojo y amargura hacia ellos. ¿Por qué deberíamos perdonar a los demás? Debemos hacerlo porque Jesús ya ha hecho esto por nosotros. Él demostró esto dando su vida por nosotros.

En el pasaje de Marcos, Jesús nos recuerda que, a menos que perdonemos a todos los que nos han hecho mal, no seremos perdonados. Jesús dijo que si tenemos algo contra alguien, debemos perdonarlo. Eso es bastante claro. No podemos perdonar a aquellos a quienes amamos y no perdonar a aquellos con quienes estamos enojados por el error que cometieron que causó la tragedia. El perdón no puede ser selectivo; debemos perdonar a todos.

Tómese un tiempo para pensar en estos versículos. El objetivo en este punto de su viaje es presentar estos conceptos para que piense. Probablemente puedas hacer una lista de todas las razones por las que no puede perdonar a la persona. Pero hay una razón por la que debe considerar el perdón. Piense en esto: **Jesús primero le perdonó y usted es redimido para que pueda vivir más como Cristo.** Esto significa perdonar a todos los demás como Él nos ha perdonado. Note la palabra aquí, es importante, 'como Dios nos ha perdonado'. Dios no perdona a todos. El perdón de Dios no se le da a aquellos que practican el pecado intencional y malicioso sin arrepentimiento. Por lo tanto, los cristianos no están obligados a perdonar a los que practican el pecado malintencionado y voluntario sin arrepentimiento. Tales son enemigos de Dios. - Hebreos 10: 26-31; Salmos 139: 21-22; Proverbios 15:29; 28: 9.

Padre celestial, gracias por dar a su Hijo para que podamos ser perdonados. Ayúdeme a limpiar mi corazón para que pueda perdonar a todos los demás que Dios también perdonaría. Amén.

Perdonándo a Otros, Parte 1

"Entonces se le acercó Pedro, y le dijo: Señor, ¿cuántas veces pecará mi hermano contra mí que yo haya de perdonarlo? ¿Hasta siete veces? Jesús le dijo: No te digo hasta siete veces, sino hasta setenta veces siete." Mateo 18: 21-22

"Porque si perdonáis a los hombres sus transgresiones, también vuestro Padre celestial os perdonará a vosotros. Pero si no perdonáis a los hombres, tampoco vuestro Padre perdonará vuestras transgresiones." Mateo 6:14-15

Jesús realmente enfatizó cuán importante es el perdón en el versículo de Mateo 18, arriba. No debemos perdonar a los demás una vez, ¡no siete veces, sino 490 veces! Jesús estaba enfatizando que no hay número cuando se trata de perdonar a los demás. ¡Y estamos hablando de perdonar a esa persona, a quien puedes culpar! ¡Está claro que las expectativas de que perdonemos a los que pecaron contra nosotros son enormes! Simplemente no hay forma de evitarlo. Esto puede ser una parada en su viaje para la que no está preparado. Puede tomar todo el tiempo que necesite para procesar estos versículos y hablarle a su propio corazón. Nadie le está apresurando, y es comprensible que esto sea difícil. El perdón es tan difícil para algunas personas que lleva años y años hasta que sienten en su corazón que pueden perdonar al malhechor.

El segundo versículo de Mateo arriba es otro recordatorio de que para que podamos ser perdonados, primero debemos perdonar a los demás. Jesús es bastante serio acerca de esto. Deberíamos pensarlo con gran seriedad también. Inicialmente, podemos haber sido desdeñosos sobre el perdón del malhechor simplemente diciendo: "No podré hacerlo nunca", y lo dejó en eso. Dios espera más, y Él sabe que, por el hecho de que está leyendo estos pasajes y pensando en el perdón, está trabajando en ello.

Entonces ¿cómo comienza? Lea y vuelva a leer las Escrituras para que la plenitud de su significado y la seriedad con la que debe considerar el perdón se hunda en su corazón y mente. Pídale a Dios que le ayude. Cuando esté orando, pídale a Dios que haga de esto algo que esté a su alcance. Esto es parte de la prueba de la tragedia en la que quizás no haya pensado antes. Pero esto es parte de la prueba de su fe y su amor por Dios. Pídale conocimiento, fortaleza y compasión por el malhechor para que pueda prepararlo para esta difícil tarea.

"No juzguéis, y no seréis juzgados; no condenéis, y no seréis condenados; perdonad, y seréis perdonados." Lucas 6:37.

Al meditar en estos pasajes y orar, piense en esto: **Dios le proporcionará la fuerza y la compasión que necesita para el perdón cuando usted se lo pida.** Y recuerde, usted está en Su reloj, por lo que puede llevar más tiempo del que esperaba. Pero siga orando, siga intentándolo. Llegará al lugar al que debes ir. Recuerde del devocional anterior que no está obligado a perdonar a todos, como aquellos que han pecado voluntariamente y aún tienen un corazón que no se arrepiente.

Padre celestial, gracias por perdonarme. Por favor, ayúdeme a tener compasión por el malhechor que es digno de su perdón para que pueda seguir el ejemplo establecido por Jesús. Amén.

Perdonándo a Otros, Parte 2

"A todo el que oye la palabra del reino y no la entiende, el maligno viene y arrebata lo que fue sembrado en su corazón. Este es aquel en quien se sembró la semilla junto al camino." Mateo 13:19.

"Ya que la mente puesta en la carne es enemiga de Dios, porque no se sujeta a la ley de Dios, pues ni siquiera puede hacerlo." Romanos 8:7.

Si su tragedia involucró las acciones de otro, esas acciones podrían haber tenido un propósito, o pueden haber sido accidentales. Por ejemplo, en un accidente automovilístico, si la carretera estaba mojada, los frenos de la persona fallaron y el accidente ocurrió, esto no fue intencional. Aún puede culpar a esta persona, y es posible que aún tenga que luchar con el perdón. Pero, ¿y si la tragedia de un accidente automovilístico fue causada por conducir a alta velocidad, sin respetar el límite permitido? ¿Qué pasa si fue causado por conducir después de consumir alcohol? Estas son acciones que fueron intencionales y pecaminosas. ¿Qué pasa si la tragedia involucra a una persona que comete un crimen en su contra o un miembro de la familia? ¿O si fue abuso infligido a usted o un miembro de la familia? El perdón en estas situaciones puede sentirse realmente imposible.

La Escritura nos proporciona un cierto conocimiento de cómo podemos razonar para llegar al acto del perdón. El primer versículo anterior nos recuerda que cuando una persona no conoce a Dios o Jesús, el corazón y la mente de esa persona solo esperan ser consumidos por el pecado y las acciones pecaminosas. De hecho, el versículo declara que la pecaminosidad es lo que la persona ha aprendido en lugar de aprender acerca de Dios. Cuando una persona aprende este tipo de estilo de vida, el pecado ocurrirá. Las intenciones malvadas llenarán el corazón de esa persona. El segundo versículo establece que cuando las personas solo están en sintonía con sus propios anhelos y deseos físicos, rechazan activamente a Dios. De hecho, este versículo dice que es imposible que esta persona se comporte de una manera piadosa porque solo se preocupa por los deseos terrenales.

Usted podría estar diciendo "¿Qué tiene esto que ver conmigo y perdonar a la otra persona?" Simple. Estos versículos nos guían a cómo debemos orar por esa persona. Estas personas no han conocido a Dios. Sus corazones están llenos de malas intenciones. Debido a que no conocen a Dios, rechazan todo tipo de piedad y no viven como Dios espera. Entonces, oremos para que ellos encuentren a Dios. Oremos para que puedan cambiar de vida. Piense en esto: **Dios nos ha dado palabras para ayudarnos a entender que estas personas necesitan ser llevadas a Él.** Al comprender que debemos orar por aquellos que pecaron contra nosotros, podemos pasar al perdón. Ore para que usted pueda perdonar la pecaminosidad de estas personas y ore para que tengan un futuro con Dios. Si puede seguir estos pasos, puede perdonar.

Padre celestial, he tenido dolor en mi corazón y no he sabido cómo orar por el malhechor. Por favor, ayúdeme a perdonarlos si son dignos de Su perdón. Por favor guíelos a buscarle. Amén.

Perdón de Uno Mismo

"Por cuanto todos pecaron y no alcanzan la gloria de Dios, siendo justificados gratuitamente por su gracia por medio de la redención que es en Cristo Jesús." Romanos 3:23-24

Puede haber algunos aspectos de su pasado asociados con el trauma que continúan causando sentimientos de culpa. Puede ser que piense que el trauma o la tragedia fue su culpa o parcialmente su culpa. Puede sentirse responsable de algunos detalles o de alguna acción o inacción. Puede ser que haya tenido problemas con sus relaciones. Puede tener familiares o amigos con los que sienta que ha tenido palabras duras hasta el punto de no volverse a hablar. O tal vez es que ha sentido que no ha cumplido sus obligaciones en el trabajo o en casa desde la tragedia. Puede ser que continúe descuidando su vida de fe, la comunidad de su iglesia u otros actos de adoración en los que participaba activamente antes de la tragedia. Como dice el primer versículo, todos somos pecadores. De eso, no hay duda.

Es posible que haya tenido dificultades para perdonar a los demás. Si pudo trabajar en esto en los devocionales anteriores y siente que ahora está avanzando, eso es maravilloso, y puede regocijarse en estos hitos. Pero puede descubrir que es más difícil perdonarse a sí mismo. ¿Por qué sucede esto? Es por esa misma némesis: la culpa. Tenemos tantos problemas para entregarlo a Dios. Tenemos dificultades para perdonarnos porque, por la razón que sea, seguimos pensando que somos responsables de nuestro propio juicio y nuestro propio castigo. Recuerde que esta es solo la responsabilidad de Dios y no la suya.

Cuando una persona confiesa absolutamente todo a Dios y le pide perdón a Jesús, y acepta la palabra completa de Dios y la resurrección de Jesús como su salvador, puede comenzar de nuevo. Esto es una verdad para usted, incluso si ha sido bautizado y fue un miembro activo de la iglesia antes de la tragedia. Hasta que completamente, 100%, le entregue esto a Dios, continuará cargando el peso sobre sus hombros.

Como nos dicen los versículos siguientes, estaremos completamente limpios de nuevo. Este es el sentimiento más liberador que puede experimentar después de una tragedia. Esto le proporcionará un gran paso en su viaje de fe.

> *"Si confesamos nuestros pecados, El es fiel y justo para perdonarnos los pecados y para limpiarnos de toda maldad." 1 Juan 1:9*

> *"Por consiguiente, no hay ahora condenación para los que están en Cristo Jesús." Romanos 8:1*

> *"Os digo que de la misma manera, habrá más gozo en el cielo por un pecador que se arrepiente que por noventa y nueve justos que no necesitan arrepentimiento." Lucas 15:7*

Lea el segundo versículo nuevamente. No hay condenación para aquellos que están en Cristo. Sin condena. ¿Cómo puede perdonarse a sí mismo? Debe orar. Continúe orando y entréguele su carga a Él. Piense en esto: **confesar y aceptar a Cristo de nuevo en su vida le permitirá avanzar de la manera en que nada más puede igualar.** Cierre los ojos, ore, confiese. Pida perdón. Y ahora medite en este pensamiento: "Esta es mi segunda oportunidad de vivir mi vida y ahora Cristo está conmigo siempre". Si tiene éxito en entregar esto a Dios, lo sabrá. Lo sentirá. Estará libre del gran peso. Y luego debe pedirle perdón a cualquier persona a la que sienta que haya dañado, si aún no lo ha hecho. Y por todos sus pecados, por supuesto, pida perdón a Dios.

Si no puede perdonarse en este momento, continúe orando, continúe leyendo las Escrituras y vuelva a este devocional y a otros recursos que le hablan sobre la redención. Podrá avanzar en la vida con más alegría en su corazón si puede perdonarse a sí mismo. Como se dijo antes, esto no significa que la tragedia se minimice. Está solo en el pasado. Manténgalo ahí.

DEVOCIONAL PARA AQUELLOS QUE HACEN FRENTE A LA TRAGEDIA

Padre celestial, lamento los errores que cometí por los pecados que cometí. Vengo a Usted con humildad en mi corazón y pido perdón y una nueva vida en Cristo. Amén.

Nueva Vida en Cristo

"Porque con el corazón se cree para justicia, y con la boca se confiesa para salvación." Romans 10:10

"De modo que si alguno está en Cristo, nueva criatura es; las cosas viejas pasaron; he aquí, son hechas nuevas." 2 Corintios 5:17

"Respondió Jesús y le dijo: En verdad, en verdad te digo que el que no nace de nuevo no puede ver el reino de Dios." Juan 3:3

Está avanzando mucho en su viaje de fe. Si ha podido completar el último devocional, pidiendo perdón, perdonando a todos los demás, confesando todos los pecados, ahora ha sido perdonado por el sacrificio que Jesús hizo por usted. Usted es redimido por su gracia.

Aceptar este perdón, aceptar que Jesús está en su corazón y en su vida, le brinda una segunda oportunidad para vivir más allá de la tragedia. La tragedia está en el pasado, siempre, pero su carga ha sido levantada por la propia mano de Dios. Sus dedos lo alcanzaron y tomaron la carga, la culpa, la vergüenza, la ansiedad, la tristeza, fuera de sus hombros. Las cosas viejas pasaron. Jesús se refirió a este sentimiento de liberación como haber nacido de nuevo. ¿Por qué? Usted siente que ha sido liberado porque ha comenzado de nuevo con una nueva perspectiva. Ahora puede caminar con un paso más firme, una sonrisa más grande en su rostro y Jesús en su corazón. Como dice la Escritura arriba, podrá ver el reino de los cielos.

Cuando haya llegado a esta parte de su viaje, puede sentir que desea despegar por su cuenta, leer las Escrituras, ir a la iglesia otra vez y disfrutar más la vida. Puede leer las Escrituras con más atención; puede cantar los himnos con más entusiasmo, es posible que desee compartir las noticias con todos que una vez más está bien con Dios. Canalice esa energía en su vida. Continúe su camino de fe profundizando en la Biblia.

Las personas también descubren que miran a los demás con más empatía. Sus sentimientos se restauran por las cosas que disfrutan en la vida. Disfrute de cada momento y luego agradezca a Dios por las muchas bendiciones que tiene. Agradezca a Dios porque Él no le dio por vencido. Agradezca a Dios por su paciencia y guía. Intente vivir de una manera más parecida a Cristo, mostrando bondad y consideración a los demás en su vida. En el siguiente versículo, Pablo escribió a los Gálatas y explicó sus propios sentimientos acerca de vivir con Cristo en su corazón.

"Con Cristo he sido crucificado, y ya no soy yo el que vive, sino que Cristo vive en mí; y la vida que ahora vivo en la carne, la vivo por fe en el Hijo de Dios, el cual me amó y se entregó a sí mismo por mí." Gálatas 2:20

Este versículo nos recuerda que ahora Cristo vive en nosotros ya que lo hemos aceptado. Piense en esto: **nacer de nuevo en Cristo es la libertad más grande que jamás experimentará y vivir con Él en su corazón le proporcionará muchas bendiciones.** Continúe en su viaje. Ahora, en lugar de caminar a lo largo de la ruta, puedes estar saltando, con Dios a su lado, animándole.

Padre celestial, gracias por darme una segunda oportunidad de vivir en Cristo. Por favor, mantenme fuerte y ayúdeme a hacer crecer mi fe. Amén.

Terry Overton

Nuestras Expresiones de Agradecimiento

"Dad gracias en todo, porque esta es la voluntad de Dios para vosotros en Cristo Jesús." 1 Tesalonicenses 5:18

"Y no os adaptéis a este mundo, sino transformaos mediante la renovación de vuestra mente, para que verifiquéis cuál es la voluntad de Dios: lo que es bueno, aceptable y perfecto." Romanos 12:2

"Dando siempre gracias por todo, en el nombre de nuestro Señor Jesucristo, a Dios, el Padre." Efesios 5:20

Es probable que haya escuchado toda su vida que debería estar agradecido de Dios por todo. Damos gracias por la comida, el abrigo, nuestros trabajos, nuestro cónyuge y familia, nuestros amigos. Damos gracias por la hermosa tierra en la que vivimos; damos gracias por las oportunidades y todo tipo de actividades y eventos divertidos. Deberíamos dar gracias a menudo.

Pero de acuerdo con los versículos anteriores, debemos dar gracias por todo. Esto significa que también debemos dar gracias por las cosas malas que suceden en nuestras vidas. Es aún más perturbador pensar que, de acuerdo con el primer y segundo versículo anterior, todas las cosas son la voluntad de Dios. ¿Esto significa que quiere que nos sucedan cosas malas? Ciertamente no. En los devocionales sobre el perdón, aprendió más acerca de cómo el mal pudo haber interactuado con otros factores y causado una tragedia. ¿Por qué debemos estar agradecidos entonces? Lo que las Escrituras nos dicen en el segundo versículo es que cuando experimentamos estas cosas, la voluntad de Dios es que pensemos en las cosas perfectas y buenas, y discernir las mejores formas en que podemos responder a estas tragedias. El hecho de que haya leído estos devocionales y haya trabajado mucho para comprender su tragedia y su propio viaje de fe significa que está actuando como Dios desea que lo haga. Está buscando las perfectas y mejores formas de trabajar en este viaje y acercarse a Dios.

Aún puede pensar en los eventos pasados. Si trabajó en los devocionales del perdón y está viviendo su vida nuevamente con Cristo en su corazón, entonces ha superado con éxito este camino tan difícil. Puede que le haya llevado mucho tiempo llegar a este punto en el camino. Aún puede mirar hacia atrás. De vez en cuando, sentirá esa tristeza, esa ansiedad. Puede ser mucho menos que antes, pero puede regresar ocasionalmente. Piense en esto: **todos los días de su vida, puede confiar en Dios para obtener fortaleza y mantener su amor en su corazón, siempre.** De gracias a Dios porque ha viajado tan lejos en su viaje.

"El Señor es mi fuerza y mi escudo; en Él confía mi corazón, y soy socorrido; por tanto, mi corazón se regocija, y le daré gracias con mi cántico." Salmos 28:7

Padre celestial, gracias por amarme y guiarme en mi viaje de fe. Ayúdeme a estar cerca de Usted. Amén.

Dios no Ha Terminado Todavía

"Y los apóstoles dijeron al Señor: ¡Auméntanos la fe!" Lucas 17:5

"Sin embargo, respecto a la promesa de Dios, Abraham no titubeó con incredulidad, sino que se fortaleció en fe, dando gloria a Dios, y estando plenamente convencido de que lo que Dios había prometido, poderoso era también para cumplirlo." Romanos 4:20-21

"Porque por fe andamos, no por vista." 2 Corintios 5:7

"Pero a todos los que le recibieron, les dio el derecho de llegar a ser hijos de Dios, es decir, a los que creen en su nombre" Juan 1:12

Ha avanzado tanto en su viaje. No ha sido fácil, y no ha sido rápido. Pero, tiene más trabajo por hacer. Todavía puede estar entusiasmado con sus nuevas sensaciones de libertad y amor de parte de Dios, ya que ha sido perdonado y ha perdonado a otros. Puede sentir menos culpa y vergüenza. Este no es el momento de reducir la velocidad en el camino. Todavía no ha llegado al final. Y, de hecho, viajará el resto de su vida mientras continúa caminando con Dios. Como el primer versículo anterior nos dice, incluso los apóstoles pidieron que se fortaleciera su fe. ¡Incluso los apóstoles continuaron haciendo crecer su fe! Este es un viaje que continuará, aunque se sienta mejor acerca de su pasado. Ahora usted es considerado realmente como un hijo de Dios.

Se nos dice que, para continuar en el camino de la verdad, el amor y aprovechar al máximo nuestra fe, debemos hacer crecer nuestra fe. Debemos fortalecer nuestro conocimiento de Dios, nuestra comprensión de las Escrituras. Debemos seguir acercándonos a Dios. Es muy importante para nosotros tener y nutrir nuestra fe.

> *"Así que la fe viene del oír, y el oír, por la palabra de Cristo." Romanos 10:17*

> *"El cielo y la tierra pasarán, mas mis palabras no pasarán." Mateo 24:35*

Se nos dice que nuestra fe aumentará al escuchar las palabras de Cristo. Dado que el último libro de la Biblia se completó hace unos 2.000 años, está claro que ha resistido la prueba del tiempo y seguirá estando aquí siempre. Pero no debemos esperar menos ya que esta es la palabra de Dios. ¿Qué espera Dios de usted ahora? Usted recibió a Cristo, ha comenzado a vivir con la tragedia en el fondo en lugar de un primer plano. Pero Dios espera que intente comprender aún más las Escrituras y, lo que es más importante, vivir como Cristo esperaría que lo hiciera. Él le guió a través de este momento difícil en su vida. Piense en esto: **Dios estará allí para usted en momentos de necesidad, y Él le quiere con Él, incluso cuando los tiempos son buenos.** Quédese con Dios. Lea más las Escrituras. Ore más. De gracias.

> *"Reconócele en todos tus caminos, y Él enderezará tus sendas." Proverbios 3:6*

Padre celestial, gracias por ser paciente conmigo y amarme siempre. Por favor ayúdeme a seguir creciendo en fe y servirle. **Amén.**

Los Planes de Dios Para Usted

"Porque yo sé los planes que tengo para vosotros" — declara el Señor— *"planes de bienestar y no de calamidad, para daros un futuro y una esperanza." Jeremías 29:11*

"Sino como está escrito: Cosas que ojo no vio, ni oído oyó, ni han entrado al corazón del hombre, son las cosas que Dios ha preparado para los que le aman. Pero Dios nos las reveló por medio del Espíritu, porque el Espíritu todo lo escudriña, aun las profundidades de Dios." 1 Corintios 2:9-10

Sus experiencias pasadas fueron muy difíciles. Sin embargo, a través de la fuerza provista por Dios, ha llegado a este punto en su viaje de fe. De vez en cuando puede tener tristeza por el pasado, pero sabe que Dios está a su lado y puede apoyarse en su fuerte hombro cuando lo necesite. Él continuará levantándole. Todo esto lo preparó para los siguientes pasos. Está preparado para algo que ni siquiera puedes imaginar. Dios ha visto su arduo trabajo. Él sabe que ha orado, perdonado a otros y a sí mismo, y ha confiado en Su Hijo. Él le vio crecer en su fe. Él sabe que todavía está caminando a su lado y quiere aprender y leer más de su palabra.

Solo Dios conoce los planes que tiene para usted. Para aquellos que tienen fe y creen y lo siguen, Él les promete esperanza y les ayudará con las cosas buenas que suceden en su vida. Así como sintió el Espíritu en su corazón, mente y alma, cuando fue bautizado, ahora se está haciendo más fuerte en usted. El Espíritu estará con usted mientras se embarca en la nueva era de su vida. Trabajará en un plan que solo Dios podría diseñar.

¿Cómo sabrá cuál será el plan? ¿Cómo sabrá la dirección en la que debe ir?

> *"Lámpara es a mis pies tu palabra, y luz para mi camino." Salmos 119:105*
>
> *"El restaura mi alma; me guía por senderos de justiciar por amor de su nombre." Salmos 23:3*
>
> *"Señor, guíame en tu justicia por causa de mis enemigos; allana delante de mí tu camino." Salmos 5:8*

Las Escrituras será su hoja de ruta para la próxima parte de su viaje de fe. Use las palabras de Dios para guiarle. Siga los ejemplos de la forma en que Cristo vivió en la tierra y cómo debe vivir su vida. Piense en esto: **Dios le guiará por el camino, e incluso le mostrará un camino recto si se encuentra entre enemigos.** Manténgase cerca de Él, y Él estará con usted.

Padre celestial, gracias por enviar a Jesús a dar un ejemplo de cómo debemos vivir. Por favor, guíeme en la dirección que desea que vaya. Amén.

Testificar a los Demás

"Según cada uno ha recibido un don especial, úselo sirviéndoos los unos a los otros como buenos administradores de la multiforme gracia de Dios." 1 Pedro 4:10

"En todo os mostré que así, trabajando, debéis ayudar a los débiles, y recordar las palabras del Señor Jesús, que dijo: 'Más bienaventurado es dar que recibir'." Hechos 20:35

"Porque ni aun el Hijo del Hombre vino para ser servido, sino para servir, y para dar su vida en rescate por muchos." Marcos 10:45

Dios nos ha dado tantos regalos. Deberíamos agradecerle con frecuencia por las muchas bendiciones en nuestra vida. Si comienza a sentir tristeza, arrepentimiento, culpa u otras emociones negativas a medida que avanza en esta nueva parte de su viaje de fe, deténgase y agradezca a Dios por las bendiciones que tiene. Esta es una buena manera de detener los patrones de pensamiento negativos rápidamente.

A medida que crece en su fe, está viendo cómo Dios le guía en la dirección hacia la que debe ir. Usted ha estado anticipando la siguiente parada en el camino. ¿Dónde le llevará Dios?

Las palabras de Dios indican claramente que debemos usar nuestras muchas bendiciones. Nuestros dones probablemente nos han ayudado a lo largo de nuestras vidas. Nuestros dones son dados por Dios. Siempre debemos darle a Dios la gloria cuando hemos logrado algo maravilloso en nuestras vidas. En este punto de su viaje, Dios nos dice que compartamos nuestros dones. Debemos usar nuestros dones para ayudar a otros.

¿Cómo puede usar estos regalos?

DEVOCIONAL PARA AQUELLOS QUE HACEN FRENTE A LA TRAGEDIA

"Así brille vuestra luz delante de los hombres, para que vean vuestras buenas acciones y glorifiquen a vuestro Padre que está en los cielos." Mateo 5:16

Piense en servir a Dios sirviendo a los demás. ¿Qué dones tiene de Dios que pueda compartir? ¿Tiene habilidades o talentos que puede usar? ¿Cómo se pueden usar estos regalos? Los dones o talentos pueden incluir tener excelentes habilidades interpersonales con personas, hablar con grupos, enseñar, escribir, organizar eventos para caridad, ayudar en actividades de la iglesia, ayudar a vecinos y familiares que necesitan apoyo, organizar eventos sociales para compartir confraternidad, solo por nombrar algunos ejemplos. Piense en esto: **cualquier cosa que haga por Dios, obtendrá sus recompensas en el cielo**. Al vivir de esta manera, está sirviendo para testificar a otros que su propia fe guía su vida. Esto servirá para enseñar a los demás cómo aquellos en Cristo viven y ayudan a otros.

Ha sufrido un trauma que cambió su vida. Otros también lo han vivido. Si es posible, ayúdelos a avanzar en su viaje. Esta es una maravillosa manera de servir.

Padre Celestial, gracias por los dones y bendiciones que me ha dado. Por favor, úseme como su siervo. Amén.

Terry Overton

Aferrándose Firmemente a la Mano de Dios

"No os ha sobrevenido ninguna tentación que no sea común a los hombres; y fiel es Dios, que no permitirá que vosotros seáis tentados más allá de lo que podéis soportar, sino que con la tentación proveerá también la vía de escape, a fin de que podáis resistirla." 1 Corintios 10:13

"Desead como niños recién nacidos, la leche pura de la palabra, para que por ella crezcáis para salvación." 1 Pedro 2:2

Su vida probablemente está fluyendo a una nueva rutina. Ha vencido tanto y ha expandido su fe en el camino. Puede que tenga días en que las cosas vayan tan bien que se escape de Dios. Puede que tenga momentos en los que esté involucrado en su trabajo, su familia y otras actividades, que ponga a Dios en un segundo plano. Tal vez no está programando el tiempo para incluir la lectura de las Escrituras y los devocionales. Tal vez no sienta que necesita a Dios tanto ahora. Esto nos sucede a todos. Si esto continúa y su corazón y mente se acostumbran más a las preocupaciones mundanas, también puede volver a caer en patrones de pensamiento negativos. Recuerde que aferrarse fuertemente a la mano de Dios en su día a día le fortalecerá. Leer las Escrituras con atención lo ayudará a proporcionarle la fortaleza que necesita.

Bien sabe, a través de su propio camino en su viaje de fe, que Dios es paciente. Él ha esperado que hiciera este viaje y Él sigue estando a su lado. Él es fiel a usted incluso cuando usted no sea fiel a Él. El primer versículo nos dice que apartarse de Dios y otras acciones que nos tientan no son poco comunes. En Su firme fidelidad a nosotros, Él está asegurándose de que cualquier tentación que pueda tener sea contrarrestada por la fuerza y la capacidad que Él le ha dado. La fuerza y la sabiduría que tiene son suficientes para evitar o soportar estas tentaciones. Esto puede incluir la tentación de volver a caer en el pensamiento negativo sobre usted o los demás.

El segundo versículo señala que, como los bebés, debemos continuar buscando y adquiriendo conocimiento de las Escrituras si queremos obtener la salvación y una vida plena en Cristo. Confiando en Dios siempre, Él estará allí cuando lo necesitemos.

"E invócame en el día de la angustia; yo te libraré, y tú me honrarás." Salmos 50:15

"Así que, hermanos, sed tanto más diligentes para hacer firme vuestro llamado y elección de parte de Dios; porque mientras hagáis estas cosas nunca tropezaréis; pues de esta manera os será concedidaampliamente la entrada al reino eterno de nuestro Señor y Salvador Jesucristo." 2 Pedro 1:10-11

Si es tentado o se aleja de Dios, pídale ayuda. Sabe que Él le ayudará. Intente, tan duro como pueda, ser consistente con su fe. Con esta práctica, no caerá. Piense en esto: **Dios quiere que su fe continúe y le proporcionará la fuerza y la orientación para hacerlo, pero también quiere que pida ayuda cuando se caiga.** Debido a que la Biblia es la palabra de Dios, Dios está disponible para usted en todo momento. Lea los pasajes, ore y agradezca por su fe.

Padre celestial, gracias por ayudarme tanto en mis momentos de necesidad. Perdóneme cuando no le presto atención a mi fe. Guíeme de regreso a Usted. Amén.

Regocijándose en la Luz

"Regocijaos en el Señor siempre. Otra vez lo diré: ¡Regocijaos!" Filipenses 4:4

"Este es el día que el Señor ha hecho; regocijémonos y alegrémonos en él." Salmos 118:24

"Y el Dios de la esperanza os llene de todo gozo y paz en el creer, para que abundéis en esperanza por el poder del Espíritu Santo." Romanos 15:13

Regocíjese de que ha continuado en este difícil viaje. Alégrese de haber sido capaz de perdonar a los demás y a usted mismo. Agradezca que Dios le haya dado tanta fuerza y resistencia para llegar a este lado de su tragedia. Usted es realmente bendecido. Agradezca por cada bendición que ha visto en el camino.

Cada mañana, puede dar gracias a Dios por regalarle otro día en el que puede amar y servir a Dios. Aunque puede tener tensiones diarias del trabajo y la vida familiar, regocíjese en cada minuto del día. Mire las bendiciones que tiene.

Como la Biblia nos dice, la alegría y la paz son suyas porque usted cree. Sus creencias se mantienen en su corazón y han estado creciendo gracias al Espíritu Santo. Agradezca que su corazón haya sido abierto al Espíritu Santo y que esté cerca de Dios.

"El Señor tu Dios está en medio de ti, guerrero victorioso; se gozará en ti con alegría, en su amor guardará silencio, se regocijará por ti con cantos de júbilo." Sofonías 3:17

"No tengo mayor gozo que éste: oír que mis hijos andan en la verdad." 3 Juan 1:4

¡Debido a que continúa caminando con Dios, Él se regocija por usted! Está caminando en la verdad tal como lo hizo Enoc, Noé, Abraham, Santiago, Pablo, Pedro y Juan en la Biblia. Ha encontrado su fe nuevamente o tal vez por primera vez. Esto significa que su vida ha cambiado para mejor, a pesar de que tuvo una experiencia en el pasado que fue trágica. Ahora puede regocijarse de que Dios le ha cuidado y le ha llevado a través de este viaje al otro lado donde puede disfrutar y compartir su fe con el ejemplo. Comparta su fe sirviendo a otros. Piense en esto: **así como usted se regocija en el amor de Dios, Él se regocija de que está caminando en la luz y la verdad con Él.**

"Pero alégrense todos los que en ti se refugian; para siempre canten con júbilo, porque tú los proteges; regocíjense en ti los que aman tu nombre." Salmos 5:11

Padre celestial, le alabo por su amor y devoción hacia mí. Gracias por mis muchas bendiciones. Deme fortaleza para caminar siempre con Usted. Amén.

Ir más Allá

"Y no os olvidéis de hacer el bien y de la ayuda mutua, porque de tales sacrificios se agrada Dios." Hebreos 13:16

"No buscando cada uno sus propios intereses, sino más bien los intereses de los demás." Filipenses 2:4

"No niegues el bien a quien se le debe, cuando esté en tu mano el hacerlo." Proverbios 3:27

Felicitaciones por el progreso que ha hecho. Ahora está listo para realmente sentirse más absorto en la palabra de Dios, para servir a los demás y trabajar como usted sabe que Cristo querría que lo hiciera. Ha leído que debe compartir sus propios dones y talentos. Usted sabe que una forma de servir es ayudar a otros que han pasado por tragedias como las que ha sufrido.

Para los lectores de este libro, mis oraciones están con usted. Mi objetivo ha sido escribir este devocional para que pueda servir a Dios y ser un testigo de su amor fuerte y paciente. Él ha trabajado en nosotros para que ahora podamos darle gloria a Él.

Como viajero en mi propio viaje, sé que el camino no ha terminado para mí y que no terminará pronto para usted. Dios tiene planes para todos nosotros. Debemos estar atentos a su guía, pedir ayuda y continuar por el camino. Espero que su viaje no tome tantos años como el mío. Hablando de la experiencia, todavía puede haber días difíciles. Cuando se encuentre con tales momentos, tómese un tiempo, respire profundo, lea sus pasajes favoritos que le dan fuerza. Ayude a los demás cuando pueda, esto le servirá para levantarse. Si siente que está retrocediendo en su viaje, que tal vez hizo un giro en U y condujo por el camino equivocado, vuelva a abrir este libro, realice la evaluación y vea dónde se encuentra. Una vez que determine dónde se encuentra en su viaje, consulte las páginas en el devocional para ayudarlo a avanzar nuevamente.

Dios es paciente y ha esperado que haga el viaje hasta este punto. Tome su mano y camine junto a Él de nuevo. Piense en esto: **a través de todas las adversidades y pruebas de la vida, Dios le dará** fortaleza y tiene un plan para hacer que todos los malos eventos de la vida se conviertan en algo bueno.

Padre celestial, oro para que continúe ayudándome a crecer en mi fe y servicio a Usted. Gracias por las muchas bendiciones que me ha dado y por la fortaleza que me ha brindado para hacer este viaje. Amén.

APÉNDICE 1 ¿Dónde está Usted en su Viaje?

Esta autoevaluación se proporciona para ayudarlo a determinar dónde puede estar en su propio viaje de fe. Cada persona sigue su propio camino diseñado por Dios a su ritmo. Esta evaluación puede ayudarlo a determinar los próximos pasos que lo acercarán más a Cristo y restablecerán su fe si siente que se ha debilitado debido a la crisis. Lea cada elemento y verifique la declaración que mejor describa cómo se siente en este momento. Siga las instrucciones después de la evaluación para ayudar a determinar dónde puede estar en su viaje. Una vez que haya completado el puntaje de la evaluación, pase al primer devocional y comience su viaje de fe.

1. Cuando pienso en el trauma o la crisis que me sucedió a mí o en mi familia, yo:

   ____a. Pienso que hay un error, esta crisis no sucedió

   ____b. Pienso que la crisis debe estar oculta y nunca reconocida

   ____c. Pienso que la crisis me ha acercado a Dios

   ____ d. Pienso que la crisis me ha permitido dar testimonio a otros o servir mejor a Cristo

2. Cuando pienso en el trauma o la crisis que sucedió, yo:

   ____ a. Sé que quién causó el dolor es el responsable. Cualquier situación imprevista o circunstancia que haya causado un trauma, no es mi culpa

   ____ b. Culpo a un miembro de la familia u otra persona y tal vez a mí mismo

   ____ c. Me Culpo a mi mismo

   ____ d. Reconozco que este fue el trabajo del mal en una persona o el mal en el mundo o eventos fuera de mi control

3. Describiría mi corazón o mis emociones como:

   ____ a. Muerto por dentro

   ____ b. Enojado

DEVOCIONAL PARA AQUELLOS QUE HACEN FRENTE A LA TRAGEDIA

___ c. Triste, deprimido, melancólico

___ d. Amoroso y cálido

4. En lo que a mí respecta:

___ a. No hay Dios o, si hay, Él no está para mí

___ b. Dios existe pero ya no tengo fe en Él

___ c. Dios existe y yo oro a veces

___ d. Dios y Su Hijo, Jesucristo, me guían durante esta prueba

5. Sé que:

___ a. Nunca perdonaré a la(s) persona(s) que infligieron este dolor o trauma

___ b. Voy a tratar tan duro como pueda, que esta persona o personas sean castigadas

___ c. No me corresponde a mí ver que otros sean castigados

___ d. Dios juzgará a todos, y si se necesita castigo, se le dará

6. Al pensar en el trauma o la crisis:

___ a. Sé que merecía que esto me sucediera

___ b. Sé que esto no lo merecía y tengo ira

___ c. Sé que el mal existe en el mundo y hay algunos eventos que no se pueden controlar

___ d. Sé que en el tiempo de Dios el significado de esto me será revelado en Su plan

7. Al pensar en el trauma o la crisis:

___ a. Me doy cuenta de que lo mejor que puedo hacer es distanciarme de todos

___ b. Sé que algo que planeo hacer en el futuro me hará más feliz

___ c. Sé que me estoy acercando a ser más feliz

___ d. Sé que tengo completa felicidad y satisfacción a través de la redención de Jesucristo

8. Al pensar en el trauma o la crisis:

____ a. Estoy muy deprimido

____ b. Me siento entumecido, pero puedo seguir fucionando en el día a día

____ c. Ya no lo pienso, está en una "caja" o compartimento mental en mi mente o pretendo que nunca sucedió

____ d. Sé que el mal hizo que esto sucediera, u otros eventos no están bajo mi control, y mi fe me mantiene fuerte

9. Cuando pienso en mi reacción al trauma o crisis:

____ a. No puedo pensar en esto, estoy muy molesto

____ b. Elijo no pensar en ello, ignoro esos pensamientos o los guardo

____ c. Puedo continuar con mi vida cotidiana de manera productiva

____ d. Sé que mi corazón y mi alma han sido limpiados y mi vida es buena gracias a Dios

10. Cuando pienso en Dios:

____ a. Ya no tengo fe en Dios

____ b. A veces trato de creer en Dios

____ c. Yo creo en Dios el Padre, Su Hijo Jesús y el Espíritu Santo

____ d. Me siento completamente perdonado o redimido, tengo una nueva vida en Jesucristo

11. Cuando pienso en mi viaje:

____ a. Siento que estoy atrapado

____ b. Siento que me he movido hacia adelante pero luego me muevo hacia atrás otra vez

____ c. He progresado y me estoy acercando al perdón y la satisfacción

____ d. He luchado, pero ahora sé cuál es el propósito de Dios para esta crisis en mi vida

12. Cuando pienso en mi viaje:

DEVOCIONAL PARA AQUELLOS QUE HACEN FRENTE A LA TRAGEDIA

_____ a. Espero poder avanzar algún día

_____ b. Estoy pensando en leer la Biblia o buscar ayuda de otros en la iglesia o a través de asesoramiento

_____ c. Leo la Biblia o mis devocionales con frecuencia o asisto a la iglesia y trato de fortalecer mi fe

_____ d. Ahora sé que el plan de Dios incluye servir a otros en alguna capacidad

Para tener una mejor idea de dónde puede estar en su viaje de fe, agregue los puntos como se indica a continuación:

a. = 1 punto cada uno

b. = 2 puntos cada uno

c. = 3 puntos cada uno

d. = 4 puntos cada uno

Total de a. = _____

Total de b. = _____

Total de c. = _____

Total de d. = _____

Total de todo = _____

Total de 12-20-: Tal vez esté comenzando su viaje de fe. Para las personas que sienten un alto nivel de depresión, solicite a su pastor u otras personas de la iglesia o comunidad que lo ayuden a encontrar apoyo, como asesoramiento. Ore, lea las Escrituras, hable con su pastor y con otras personas de la iglesia que puedan ayudarle en su viaje de fe.

Total de 21-32: Se está moviendo en su viaje de fe. Continúe avanzando hablando con quienes lo apoyan, leyendo la Biblia, leyendo devocionales, orando, trabajando en proyectos con otras personas en la comunidad o en la iglesia.

Total de 33-40: está haciendo un gran progreso en su viaje de fe. Continúe avanzando y considere cómo podría servir a los que están en la iglesia u otras áreas. Continúa leyendo la Biblia, orando, leyendo devocionales y sirviendo a otros.

Total de 41-48-: Está alcanzando un gran lugar en su viaje de fe mientras dependa de Dios para ayudarle a ver Su plan para usted. Continúe orando, leyendo las Escrituras y asistiendo a la iglesia. Continúe sirviendo a otros.

APÉNDICE 2 Mi Viaje de Fe

1-----→	2-----→	3-----→	4
Vida Antes del Evento	Evento	Impacto e Incredulidad Rechazo de Dios Una Solución Rápida	Profunda Depresion Searching For Happiness
5-----→	6-----→	7-----→	8-----→
Dios Existe para los Demás, Buscando la Felicidad	Dios Existe Pero Aún Estoy Enojado con Dios, Buscando la Felicidad, Conectando con Otros	Aniversarios Conciencia de la Presencia de Dios para Mí Buscando la Felicidad	Dejando que Dios Juzgue a los Demás
9-----→	10-----→	11-----→	12-----→
Perdonar a los Demás	Perdonarme a Mi Mismo	Nueva Vida en Cristo	Testificar a los Demás, Regocijarse en la Luz, Ir Más Allá

1. La vida antes del evento: todo parecía normal. La vida es buena.

2. Evento: puede ser la ocurrencia real del evento o su primer conocimiento del evento (como en una divulgación de un evento en el pasado)

3. Conmoción e incredulidad y rechazo a Dios: hay tanto impacto que la reacción es ira y rechazo a Dios por permitir que esto suceda. Puede buscar una solución rápida para mejorar las cosas o hacer las cosas bien, volver a lo "normal" antes del evento. Puede sentirse impotente como si nada pudiera hacerse para mejorar las cosas.

4. Depresión profunda: este es un momento para buscar algún tipo de ayuda ya sea a través de consejería, un pastor, amigos

o familiares para apoyar a todos los involucrados. Puede sentir que nadie puede entender por lo que ha pasado. También puede encontrarse buscando pero no sabe lo que está buscando. Esto podría significar mudarse, cambiar de trabajo u otras actividades significativas para intentar, sin éxito, encontrar la felicidad.

5. Dios existe para los demás: no se puede negar a Dios. Para aquellos que ya son cristianos, el Espíritu ya está dentro y está esperando el momento adecuado. Esto puede tomar un tiempo para resolver la ira y el dolor. Es posible que aún usted se encuentre buscando. Quizás pueda reconocer que hay un Dios, pero Él está para otras personas, no para usted.

6. Dios existe, pero aún está enojado con Dios: puede haber cierto reconocimiento de que Dios existe y está involucrado en su vida, pero puede seguir existiendo una falta de confianza. Su relación con Dios todavía es inestable. Puede continuar buscando respuestas, felicidad o soluciones. Puede preguntar si está bien ser feliz. Puede comenzar a reconectarse con otros.

7. Conciencia de la presencia de Dios para mí: aunque ha ocurrido el reconocimiento de Dios, aún puede haber reticencia en comprender o creer que Dios perdona a todos los pecadores que piden perdón. Puede continuar buscando. Puede tener dificultades con las fechas de aniversarios y las celebraciones.

8. Dejar que Dios juzgue a los demás: este es el momento de darnos cuenta de que el juicio y cualquier posible castigo, no depende de nadie, solo de Dios. Muchos versículos de la Biblia nos indican que debemos dejar esto a Dios.

9. Perdonar a los demás: este es un paso que quizás nunca crea que pueda dar. Es muy difícil hacerlo de inmediato y Dios lo guiará a la dirección que necesita tomar leyendo los versículos de la Biblia y consultando con su pastor o

escuchando a otros cristianos. Es un paso increíble a lograr y le ayudará a avanzar hacia la curación.

10. Perdón de sí mismo: este paso es difícil pero muy liberador. Es posible que ya haya podido perdonar a los demás. Su viaje puede implicar perdonar a otras personas o solo perdonarse por cualquier culpa que pueda haberse asignado a usted mismo.

11. Nueva vida en Cristo: esta es la más liberadora. Alcanzar este paso proporciona una sensación de comenzar completamente otra vez; todo se siente nuevo y todo se siente libre de culpa, pecado, ira.

12. Testificar a los demás: como parte de su nueva vida cristiana, puede sentir el deseo repentino de ayudar a otros o estar al servicio de Dios. No importa cómo se manifieste esto en su vida, verá el nuevo propósito para usted, y podrá ver que algo bueno puede provenir de tragedias.

APÉNDICE 3 Relación de Ansiedad, Preocupación, Culpa y Vergüenza

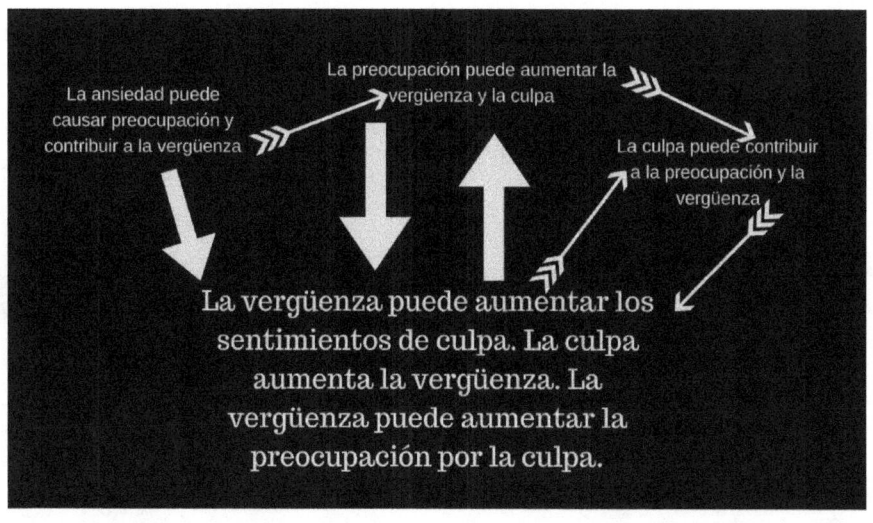

APENDICE 4

Versículos de la Biblia por Tema Devocional

Pasaje Introductorio

"Pero si alguno de vosotros se ve falto de sabiduría, que la pida a Dios, el cual da a todos abundantemente y sin reproche, y le será dada." Santiago 1:5

Antes de la Tragedia

"Pon tu delicia en el Señor, y El te dará las peticiones de tu corazón." Salmos 37: 4.

"Por tanto, habiendo sido justificados por la fe, tenemos paz para con Dios por medio de nuestro Señor Jesucristo, por medio de quien también hemos obtenido entrada por la fe a esta gracia en la cual estamos firmes, y nos gloriamos en la esperanza de la gloria de Dios. Y no sólo esto, sino que también nos gloriamos en las tribulaciones, sabiendo que la tribulación produce paciencia; y la paciencia, carácter probado; y el carácter probado, esperanza; y la esperanza no desilusiona, porque el amor de Dios ha sido derramado en nuestros corazones por medio del Espíritu Santo que nos fue dado." Romanos 5: 1-5

Trauma o Evento

"Amados, no os sorprendáis del fuego de prueba que en medio de vosotros ha venido para probaros, como si alguna cosa extraña os estuviera aconteciendo." 1 Pedro 4:12

"Bueno es esperar en silencio la salvación del Señor." Lamentaciones 3:26

"No temas lo que estás por sufrir. He aquí, el diablo echará a algunos de vosotros en la cárcel para que seáis probados..." Apocalipsis 2:10

"Al verla, el Señor tuvo compasión de ella, y le dijo: No llores." Lucas 7:13

Incredulidad

"Porque es aún visión para el tiempo señalado; se apresura hacia el fin y no defraudará. Aunque tarde, espérala; porque ciertamente vendrá, no tardará." Habacuc 2:3

"Estad quietos, y sabed que yo soy Dios..." Salmos 46:10

Rechazo a Dios

"El necio ha dicho en su corazón: No hay Dios." Salmos 14:1

"Bueno es para mí ser afligido, para que aprenda tus estatutos." Salmos 119:71

"Jesús respondió, y le dijo: Ahora tú no comprendes lo que yo hago, pero lo entenderás después." Juan 13:7

"Espera al Señor; esfuérzate y aliéntese tu corazón. Sí, espera al Señor." Salmos 27:14

"Sed de espíritu sobrio, estad alerta. Vuestro adversario, el diablo, anda al acecho como león rugiente, buscando a quien devorar." 1 Pedro 5:8

"Además, os daré un corazón nuevo y pondré un espíritu nuevo dentro de vosotros; quitaré de vuestra carne el corazón de piedra y os daré un corazón de carne." Ezequiel 36:26

Una Solución Rápida

"Muchos son los planes en el corazón del hombre, mas el consejo del Señor permanecerá." Proverbios 19:21

"Y mi Dios proveerá a todas vuestras necesidades, conforme a sus riquezas en gloria en Cristo Jesús." Filipenses 4:19

Depresión y Tristeza

"El espíritu del hombre puede soportar su enfermedad, pero el espíritu quebrantado, ¿quién lo puede sobrellevar?" Proverbios 18:14

"Cercano está el Señor a los quebrantados de corazón, y salva a los abatidos de espíritu." Salmos 34:18

"Respóndeme pronto, oh Señor, porque mi espíritu desfallece; no escondas de mí tu rostro, para que no llegue yo a ser como los que descienden a la sepultura." Salmos 143:7

"Has mantenido abiertos mis párpados; estoy tan turbado que no puedo hablar." Salmos 77:4

"Y de la misma manera, también el Espíritu nos ayuda en nuestra debilidad; porque no sabemos orar como debiéramos, pero el Espíritu mismo intercede por nosotros con gemidos indecibles." Romanos 8:26

"Por tanto, alentaos los unos a los otros, y edificaos el uno al otro, tal como lo estáis haciendo." 1 Tesalonicenses 5:11

"Respondiendo el Rey, les dirá: "En verdad os digo que en cuanto lo hicisteis a uno de estos hermanos míos, aun a los más pequeños, a mí lo hicisteis." Mateo 25:40

"Miren tus ojos hacia adelante,
y que tu mirada se fije en lo que está frente a ti.
Fíjate en el sendero de tus pies,
y todos tus caminos serán establecidos.
No te desvíes a la derecha ni a la izquierda;
aparta tu pie del mal." Proverbios 4: 25-27

Culpar a Algo o Alguien

"Estas cosas os he hablado para que en mí tengáis paz. En el mundo tenéis tribulación; pero confiad, yo he vencido al mundo." Juan 16:33

"De modo que cada uno de nosotros dará a Dios cuenta de sí mismo." Romanos 14:12

"Acercaos a Dios, y El se acercará a vosotros. ..." Santiagos 4:8

"El Señor está cerca de todos los que le invocan, de todos los que le invocan en verdad." Salmos 145:18

Ansiedad y Preocupación

"Por tanto, no os preocupéis por el día de mañana; porque el día demañana se cuidará de sí mismo. Bástele a cada día sus propios problemas." Mateo 6:34

"La ansiedad en el corazón del hombre lo deprime, mas la buena palabra lo alegra." Proverbios 12:25

"Todo lo puedo en Cristo que me fortalece." Filipenses 4:13

"Pero Jesús, mirándolos, les dijo: Para los hombres eso es imposible, pero para Dios todo es posible." Mateo 19:26

Sentir Culpa

"Por tanto, habiendo sido justificados por la fe, tenemos paz para con Dios por medio de nuestro Señor Jesucristo." Romanos 5:1

"Echando toda vuestra ansiedad sobre El, porque El tiene cuidado de vosotros." 1 Pedro 5:7

"Echa sobre el Señor tu carga, y El te sustentará; El nunca permitirá que el justo sea sacudido" Salmos 55:22

"El Señor sostiene a todos los que caen, y levanta a todos los oprimidos." Salmos 145:14

Vergüenza

"El Señor Dios me ayuda, por eso no soy humillado, por eso como pedernal he puesto mi rostro, y sé que no seré avergonzado." Isaías 50:7

"Busqué al Señor y El me respondió, y me libró de todos mis temores. Los que a El miraron, fueron iluminados; sus rostros jamás serán avergonzados." Salmos 34: 4-5

"Pues la Escritura dice: Todo el que cree en El no sera avergonzado." Romanos 10:11

"Mas tú, oh Señor, eres escudo en derredor mío, mi gloria, y el que levanta mi cabeza." Salmos 3:3

Relación de Ansiedad, Preocupación, Culpa y Vergüenza

"Porque no nos ha dado Dios espíritu de cobardía, sino de poder, de amor y de dominio propio." 2 Timoteo 1:7

"La paz os dejo, mi paz os doy; no os la doy como el mundo la da. No se turbe vuestro corazón, ni tenga miedo." Juan 14:27

"Busqué al Señor, y El me respondió, y me libró de todos mis temores." Salmos 34:4

Conciencia de Dios y Ira Residual

"Entenebrecidos en su entendimiento, excluidos de la vida de Dios por causa de la ignorancia que hay en ellos, por la dureza de su corazón." Efesios 4:18

"Y que desde la niñez has sabido las Sagradas Escrituras, las cuales te pueden dar la sabiduría que lleva a la salvación mediante la fe en Cristo Jesús." 2 Timoteo 3:15

"El nos salvó, no por obras de[a] justicia que nosotros hubiéramos hecho, sino conforme a su misericordia, por medio del lavamiento de la regeneración y la renovación por el Espíritu Santo." Tito 3:5

Buscando la Felicidad

"Porque todo el que pide, recibe; y el que busca, halla; y al que llama, se le abrirá." Mateo 7:8

"Pero buscad primero su reino y su justicia, y todas estas cosas os serán añadidas." Mateo 6:33

"Amo a los que me aman, y los que me buscan con diligencia me hallarán." Proverbios 8:17

Dejando atrás la Vergüenza y la Culpa

"El ladrón sólo viene para robar y matar y destruir; yo he venido para que tengan vida, y para que la tengan en abundancia." Juan 10:10

"Mirad las aves del cielo, que no siembran, ni siegan, ni recogen en graneros, y sin embargo, vuestro Padre celestial las alimenta. ¿No sois vosotros de mucho más valor que ellas?" Mateo 6:26

"Si confesamos nuestros pecados, El es fiel y justo para perdonarnos los pecados y para limpiarnos de toda maldad" 1 Juan 1:9

Aislamiento

"El que vive aislado busca su propio deseo, contra todo consejo se encoleriza." Proverbios 18:1

"En esto sabemos que permanecemos en El y El en nosotros: en que nos ha dado de su Espíritu." 1 Juan 4:13

"El Señor irá delante de ti; El estará contigo, no te dejará ni te desamparará; no temas ni te acobardes." Deuteronomio 31: 8

Buscando a Otros

*"Más valen dos que uno solo,
pues tienen mejor remuneración por su trabajo. Porque si uno de ellos cae, el otro levantará a su compañero;
pero iay del que cae cuando no hay otro que lo levante!"*
Eclesiastés 4:9-10

"Es decir, para que cuando esté entre vosotros nos confortemos mutuamente, cada uno por la fe del otro, tanto la vuestra como la mía." Romanos 1:12

"Llevad los unos las cargas de los otros, y cumplid así la ley de Cristo." Gálatas 6:2

Permitir a Otros en su Vida

"Este es mi mandamiento: que os améis los unos a los otros, así como yo os he amado." Juan 15:12

"Dad, y os será dado; medida buena, apretada, remecida y rebosante, vaciarán en vuestro regazo. Porque con la medida con que midáis, se os volverá a medir." Lucas 6:38

"El segundo es éste: "Amaras a tu projimo como a ti mismo." No hay otro mandamiento mayor que éstos." Marcos 12:31

Aniversarios y Otros Recordatorios

"Bienaventurados los que lloran, pues ellos serán consolados." Mateo 5:4

"Hay un tiempo señalado para todo, y hay un tiempo para cada suceso bajo el cielo: tiempo de nacer, y tiempo de morir; tiempo de plantar, y tiempo de arrancar lo plantado; tiempo de matar, y tiempo de curar; tiempo de derribar, y tiempo de edificar; tiempo de llorar, y tiempo de reír; tiempo de lamentarse, y tiempo de bailar." Eclesiastés 3:1-4

"Sana a los quebrantados de corazón, y venda sus heridas." Salmos 147:3

¿Está Bien Ser Feliz?

*"Aun en la risa, el corazón puede tener dolor,
y el final de la alegría puede ser tristeza."* Proverbios 14:13

"El corazón alegre es buena medicina, pero el espíritu quebrantado seca los huesos." Proverbios 17:22

"Además, que todo hombre que coma y beba y vea lo bueno en todo su trabajo, eso es don de Dios." Eclesiastés 3:13

*"Entonces nuestra boca se llenó de risa,
y nuestra lengua de gritos de alegría;
entonces dijeron entre las naciones:
Grandes cosas ha hecho el Señor con ellos."* Salmos 126:2

Recordatorios Inesperados

*"Guárdame como a la niña de tus ojos;
escóndeme a la sombra de tus alas"* Salmos 17:8

"Pero fiel es el Señor quien os fortalecerá y protegerá del malign." 2 Tesalonicenses 3:3

*"Aunque yo ande en medio de la angustia, tú me vivificarás; extenderás tu mano contra la ira de mis enemigos,
y tu diestra me salvará."* Salmos 138:7

*"El nombre del Señor es torre fuerte,
a ella corre el justo y está a salvo."* Proverbios 18:10

Estrés en las Relaciones

"Por dentro me hierven las entrañas, y no puedo descansar; me vienen al encuentro días de aflicción." Job 30:27

"Airaos, pero no pequeis; no se ponga el sol sobre vuestro enojo." Efesios 4:26

"El Señor peleará por vosotros mientras vosotros os quedáis callados." Exodo 14:14

"Cuando mis inquietudes se multiplican dentro de mí, tus consuelos deleitan mi alma." Salmos 94:19

"Al Señor he puesto continuamente delante de mí; porque está a mi diestra, permaneceré firme." Salmos 16:8

Preguntas de Otros

"No seas vencido por el mal, sino vence con el bien el mal." Romanos 12:21

"La suave respuesta aparta el furor, mas la palabra hiriente hace subir la ira." Proverbios 15:1

"Pero yo os digo: amad a vuestros enemigos y orad por los que os persiguen." Mateo 5:44

"Sean gratas las palabras de mi boca y la meditación de mi corazón delante de ti, oh Señor, roca mía y redentor mío." Salmos 19:14

"Sed afectuosos unos con otros con amor fraternal; con honra, daos preferencia unos a otros." Romanos 12:10

¿Por qué?

"Tened por sumo gozo, hermanos míos, el que os halléis en diversas pruebas, sabiendo que la prueba de vuestra fe produce paciencia, y que la paciencia tenga su perfecto resultado, para que seáis perfectos y completos, sin que os falte nada." Santiago 1:2-4

"Y sabemos que para los que aman a Dios, todas las cosas cooperan para bien, esto es, para los que son llamados conforme a su propósito." Romanos 8:28

"Bienaventurado el hombre que persevera bajo la prueba, porque una vez que ha sido aprobado, recibirá la corona de la vida que el Señor ha prometido a los que le aman." Santiago 1:12

"Gozándoos en la esperanza, perseverando en el sufrimiento, dedicados a la oración." Romanos 12:12

Conciencia de la Presencia de Dios

"Me darás a conocer la senda de la vida; en tu presencia hay plenitud de gozo; en tu diestra, deleites para siempre." Salmos 16:11

"Y el Dios de la esperanza os llene de todo gozo y paz en el creer, para que abundéis en esperanza por el poder del Espíritu Santo." Romanos 15:13

"Entonces les abrió la mente para que comprendieran las Escrituras." Lucas 24:45

"Probada es toda palabra de Dios; El es escudo para los que en El se refugian." Proverbios 30:5

Conciencia de la Presencia de Dios en mi Vida

"Ahora bien, la fe es la certeza de lo que se espera, la convicción de lo que no se ve. Porque por ella recibieron aprobación los antiguos. Por la fe entendemos que el universo fue preparado por la palabra de Dios, de modo que lo que se ve no fue hecho de cosas visibles." Hebreos 11: 1-3

"Jesús le dijo: ¿Porque me has visto has creído? Dichosos los que no vieron, y sin embargo creyeron." Juan 20:29

"Porque por gracia habéis sido salvados por medio de la fe, y esto no de vosotros, sino que es don de Dios." Efesios 2:8

La Vida Nunca Será Perfecta

"De manera que decimos confiadamente: El Señor es el que me ayuda; no temeré. ¿Qué podrá hacerme el hombre?" Hebreos 13:6

"Ni deis oportunidad al diablo." Efesios 4:27

"No se regocija de la injusticia, sino que se alegra con la verdad." 1 Corintios 13: 6

"Nadie te podrá hacer frente en todos los días de tu vida. Así como estuve con Moisés, estaré contigo; no te dejaré ni te abandonaré." Josué 1:5

Juicio

"Porque el que procede con injusticia sufrirá las consecuencias del mal que ha cometido, y eso, sin acepción de personas." Colosenses 3:25

"Porque todos nosotros debemos comparecer ante el tribunal de Cristo, para que cada uno sea recompensado por sus hechos estando en el cuerpo, de acuerdo con lo que hizo, sea bueno o sea malo." 2 Corintios 5:10

"Amados, nunca os venguéis vosotros mismos, sino dad lugar a la ira de Dios, porque escrito está: Mia es la venganza, yo pagare, dice el Señor." Romanos 12:19

"No digas: Yo pagaré mal por mal; espera en el Señor, y El te salvará." Proverbios 20:22.

Perdón

"Sea quitada de vosotros toda amargura, enojo, ira, gritos, maledicencia, así como toda malicia. Sed más bien amables unos con otros, misericordiosos, perdonándoos unos a otros, así como también Dios os perdonó en Cristo." Efesios 4:31-32

"Y cuando estéis orando, perdonad si tenéis algo contra alguien, para que también vuestro Padre que está en los cielos os perdone vuestras transgresiones." Marcos 11:25

Perdonando a Otros Parte 1

"Entonces se le acercó Pedro, y le dijo: Señor, ¿cuántas veces pecará mi hermano contra mí que yo haya de perdonarlo? ¿Hasta siete veces? Jesús le dijo: No te digo hasta siete veces, sino hasta setenta veces siete." Mateo 18:21-22

"Porque si perdonáis a los hombres sus transgresiones, también vuestro Padre celestial os perdonará a vosotros. Pero si no perdonáis a los hombres, tampoco vuestro Padre perdonará vuestras transgresiones." Mateo 6:14-15

"No juzguéis, y no seréis juzgados; no condenéis, y no seréis condenados; perdonad, y seréis perdonados." Lucas 6:37

Perdonando a Otros Parte 2

"A todo el que oye la palabra del reino y no la entiende, el maligno viene y arrebata lo que fue sembrado en su corazón. Este es aquel en quien se sembró la semilla junto al camino." Mateo 13:19

"Ya que la mente puesta en la carne es enemiga de Dios, porque no se sujeta a la ley de Dios, pues ni siquiera puede hacerlo." Romanos 8:7.

Perdón de Uno Mismo

"Por cuanto todos pecaron y no alcanzan la gloria de Dios, siendo justificados gratuitamente por su gracia por medio de la redención que es en Cristo Jesús." Romanos 3:23-24

"Si confesamos nuestros pecados, El es fiel y justo para perdonarnos los pecados y para limpiarnos de toda maldad." 1 Juan 1:9

"Por consiguiente, no hay ahora condenación para los que están en Cristo Jesús." Romanos 8:1

"Os digo que de la misma manera, habrá más gozo en el cielo por un pecador que se arrepiente que por noventa y nueve justos que no necesitan arrepentimiento." Lucas 15:7

Una Nueva Vida en Cristo

"Porque con el corazón se cree para justicia, y con la boca se confiesa para salvación." Romanos 10:10

"De modo que si alguno está en Cristo, nueva criatura es; las cosas viejas pasaron; he aquí, son hechas nuevas." 2 Corintios 5:17

"Respondió Jesús y le dijo: En verdad, en verdad te digo que el que no nace de nuevo no puede ver el reino de Dios." Juan 3:3

"Con Cristo he sido crucificado, y ya no soy yo el que vive, sino que Cristo vive en mí; y la vida que ahora vivo en la carne, la vivo por fe en el Hijo de Dios, el cual me amó y se entregó a sí mismo por mí." Gálatas 2:20

Gratitud

"Dad gracias en todo, porque esta es la voluntad de Dios para vosotros en Cristo Jesús." 1 Tesalonicenses 5:18

"Y no os adaptéis a este mundo, sino transformaos mediante la renovación de vuestra mente, para que verifiquéis cuál es la voluntad de Dios: lo que es bueno, aceptable y perfecto." Romanos 12:2

"Dando siempre gracias por todo, en el nombre de nuestro Señor Jesucristo, a Dios, el Padre." Efesios 5:20

"El Señor es mi fuerza y mi escudo; en El confía mi corazón, y soy socorrido; por tanto, mic orazón se regocija, y le daré gracias con mi cántico." Salmos 28:7

Dios No Ha Terminado Todavía

"Y los apóstoles dijeron al Señor: ¡Auméntanos la fe!" Lucas 17:5

"Sin embargo, respecto a la promesa de Dios, Abraham no titubeó con incredulidad, sino que se fortaleció en fe, dando gloria a Dios, y estando plenamente convencido de que lo que Dios había prometido." Romanos 4:20-21

"Porque por fe andamos, no por vista..." 2 Corintios 5:7

"Pero a todos los que le recibieron, les dio el derecho de llegar a ser hijos de Dios." Juan 1:12

"Así que la fe viene del oír, y el oír, por la palabra de Cristo." Romanos 10:17.

"El cielo y la tierra pasarán, mas mis palabras no pasarán." Mateo 24:35

"Reconócele en todos tus caminos, y El enderezará tus sendas." Proverbios 3:6

Los Planes de Dios Para Usted

"Porque yo sé los planes que tengo para vosotros" —declara el Señor— *"planes de bienestar y no de calamidad, para daros un futuro y una esperanza."* Jeremías 29:11

"Sino como está escrito: Cosas que ojo no vio, ni oido oyo, Ni han entrado al corazón del hombre, son las cosas que Dios ha preparado para los que le aman. Pero Dios nos las reveló por medio del Espíritu, porque el Espíritu todo lo escudriña, aun las profundidades de Dios." 1 Corintios 2:9-10

"Lámpara es a mis pies tu palabra, y luz para mi camino." Salmos 119:105

"El restaura mi alma; me guía por senderos de justicia por amor de su nombre." Salmos 23:3

"Señor, guíame en tu justicia por causa de mis enemigos; Allana delante de mí tu camino." Salmos 5:8

Testificar a los Demás

"Según cada uno ha recibido un don especial, úselo sirviéndoos los unos a los otros como buenos administradores de la multiforme gracia de Dios." 1 Pedro 4:10

"En todo os mostré que así, trabajando, debéis ayudar a los débiles, y recordar las palabras del Señor Jesús, que dijo: "Más bienaventurado es dar que recibir." Hechos 20:35

"Porque ni aun el Hijo del Hombre vino para ser servido, sino para servir, y para dar su vida en rescate por muchos." Marcos 10:45

"Así brille vuestra luz delante de los hombres, para que vean vuestras buenas acciones y glorifiquen a vuestro Padre que está en los cielos." Mateo 5:16

Aferrándose Firmemente a la Mano de Dios

"No os ha sobrevenido ninguna tentación que no sea común a los hombres; y fiel es Dios, que no permitirá que vosotros seáis tentados más allá de lo que podéis soportar, sino que con la tentación proveerá también la vía de escape, a fin de que podáis resistirla." 1 Corintios 10:13

"Desead como niños recién nacidos, la leche pura de la palabra, para que por ella crezcáis para salvación," 1 Pedro 2:2

"E invócame en el día de la angustia; yo te libraré, y tú me honrarás." Salmos 50:15

"Así que, hermanos, sed tanto más diligentes para hacer firme vuestro llamado y elección de parte de Dios; porque mientras hagáis estas cosas nunca tropezaréis; pues de esta manera os será concedida ampliamente la entrada al reino eterno de nuestro Señor y Salvador Jesucristo." 2 Pedro 1:10-11

Regocijándose en la Luz

"Regocijaos en el Señor siempre. Otra vez lo diré: ¡Regocijaos!" Filipenses 4:4

"Este es el día que el Señor ha hecho; regocijémonos y alegrémonos en él." Salmos 118:24

"Y el Dios de la esperanza os llene de todo gozo y paz en el creer, para que abundéis en esperanza por el poder del Espíritu Santo." Romanos 15:13

"El Señor tu Dios está en medio de ti, guerrero victorioso; se gozará en ti con alegría, en su amor guardará silencio, se regocijará por ti con cantos de júbilo." Sofonías 3:17

"No tengo mayor gozo que éste: oír que mis hijos andan en la verdad." 3 Juan 1:4

"Pero alégrense todos los que en ti se refugian; para siempre canten con júbilo, porque tú los proteges; regocíjense en ti los que aman tu nombre." Salmos 5:11

Ir Más Allá

"Y no os olvidéis de hacer el bien y de la ayuda mutua, porque de tales sacrificios se agrada Dios." Hebreos 13:16

"No buscando cada uno sus propios intereses, sino más bien los intereses de los demás." Filipenses 2:4

"No niegues el bien a quien se le debe, cuando esté en tu mano el hacerlo." Proverbios 3:27

DEVOCIONAL PARA AQUELLOS QUE HACEN FRENTE A LA TRAGEDIA

OTROS LIBROS RELEVANTES

Christian Publishing House
ISBN-13: 978-1-945757-90-7
ISBN-10: 1-945757-90-6

Terry Overton

"ALL SCRIPTURE IS INSPIRED BY GOD AND PROFITABLE FOR TEACHING, FOR REPROOF, FOR CORRECTION, FOR TRAINING IN RIGHTEOUSNESS"—2 TIMOTHY 3:16

REASONABLE FAITH

Saving Those Who Doubt

EDWARD D. ANDREWS

Christian Publishing House
ISBN-13: 978-1-945757-91-4
ISBN-10: 1-945757-91-4

DEVOCIONAL PARA AQUELLOS QUE HACEN FRENTE A LA TRAGEDIA

Christian Publishing House
ISBN-13: 978-1-945757-47-1
ISBN-10: 1-945757-47-7

Terry Overton

Christian Publishing House
ISBN-13: 978-1-945757-60-0
ISBN-10: 1-945757-60-4

DEVOCIONAL PARA AQUELLOS QUE HACEN FRENTE A LA TRAGEDIA

Christian Publishing House
ISBN-13: 978-1-945757-42-6
ISBN-10: 1-945757-42-6

Christian Publishing House
ISBN-13: 978-1-945757-72-3
ISBN-10: 1-945757-72-8

DEVOCIONAL PARA AQUELLOS QUE HACEN FRENTE A LA TRAGEDIA

Christian Publishing House
ISBN-13: 978-1-945757-69-3
ISBN-10: 1-945757-69-8

Terry Overton

Christian Publishing House
ISBN-13: 978-1-945757-74-7
ISBN-10: 1-945757-74-4

DEVOCIONAL PARA AQUELLOS QUE HACEN FRENTE A LA TRAGEDIA

Christian Publishing House
ISBN-13: 978-1-945757-73-0
ISBN-10: 1-945757-73-6

Terry Overton

Christian Publishing House
ISBN-13: 978-1-945757-86-0
ISBN-10: 1-945757-86-8

DEVOCIONAL PARA AQUELLOS QUE HACEN FRENTE A LA TRAGEDIA

Christian Publishing House
ISBN-13: 978-1-945757-87-7
ISBN-10: 1-945757-87-6

Christian Publishing House
ISBN-13: 978-1-945757-88-4
ISBN-10: 1-945757-88-4

DEVOCIONAL PARA AQUELLOS QUE HACEN FRENTE A LA TRAGEDIA

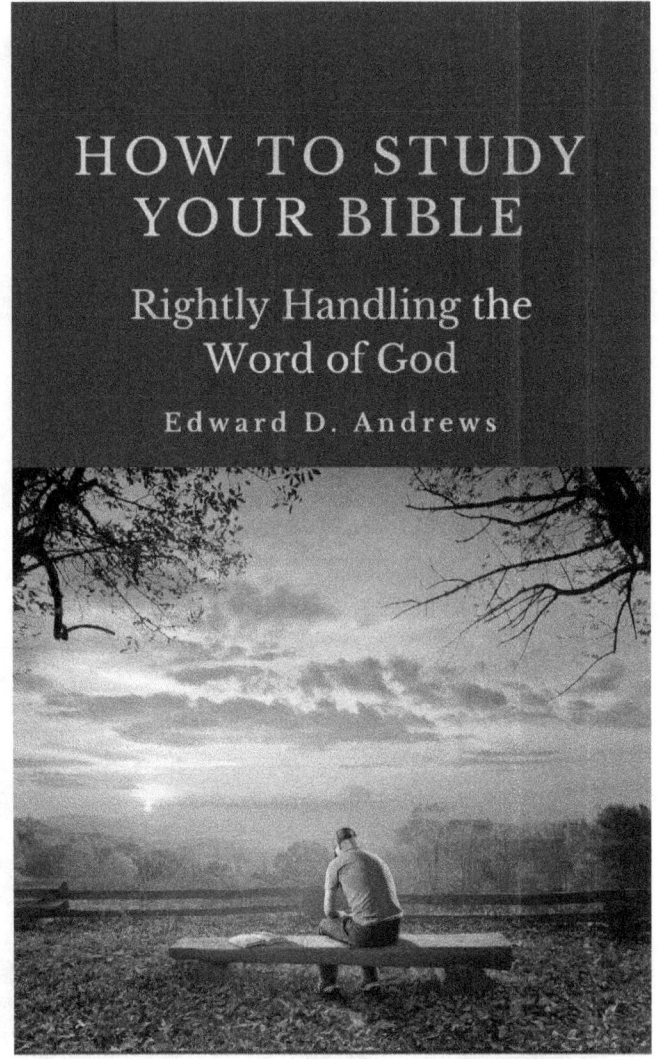

Christian Publishing House
ISBN-13: 978-1-945757-62-4
ISBN-10: 1-945757-62-0

Terry Overton

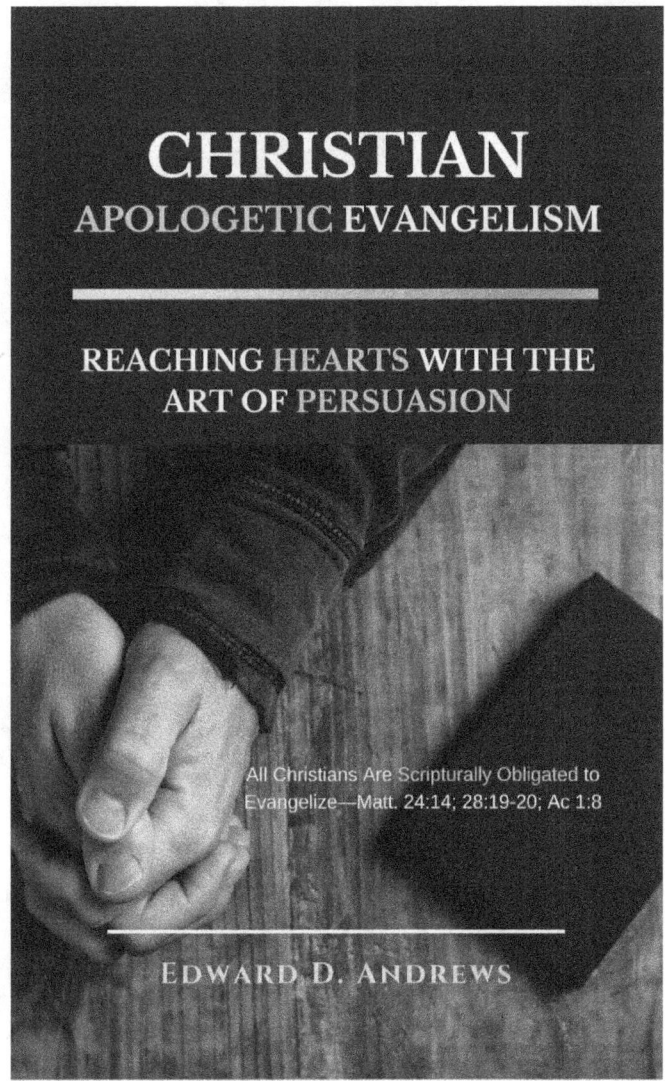

Christian Publishing House
ISBN-13: 978-1-945757-75-4
ISBN-10: 1-945757-75-2

DEVOCIONAL PARA AQUELLOS QUE HACEN FRENTE A LA TRAGEDIA

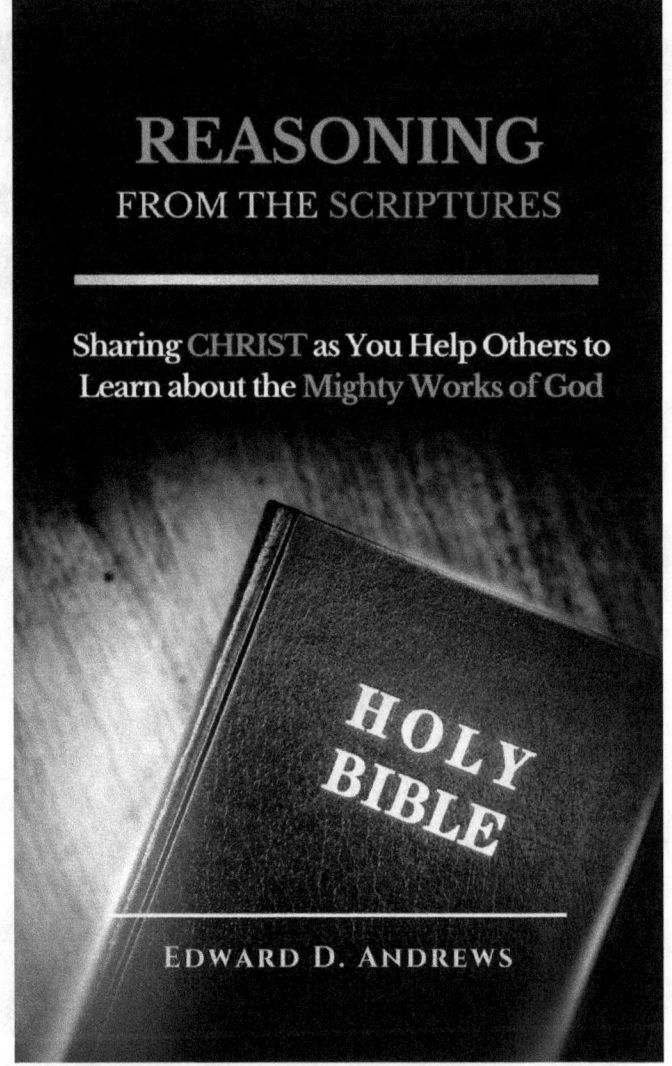

Christian Publishing House
ISBN-13: 978-1-945757-82-2
ISBN-10: 1-945757-75-2

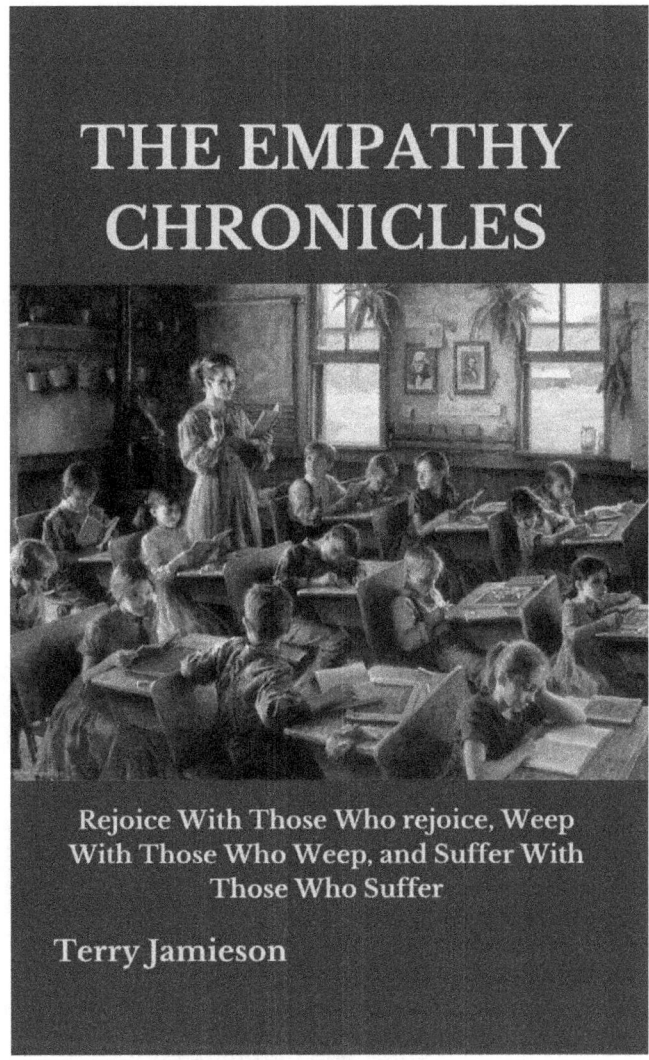

Christian Publishing House
ISBN-13: 978-1-945757-35-8
ISBN-10: 1-945757-35-3

DEVOCIONAL PARA AQUELLOS QUE HACEN FRENTE A LA TRAGEDIA

Christian Publishing House
ISBN-13: 978-1-945757-43-3
ISBN-10: 1-945757-43-4

www.ingramcontent.com/pod-product-compliance
Lightning Source LLC
Chambersburg PA
CBHW070607050426
42450CB00011B/3013